書類準備・手続のフローがすぐ分かる！

相続税の申告書作成ガイドブック

今仲 清 [著]

ぎょうせい

はじめに

　平成27年1月1日以後に亡くなった方の相続税から基礎控除額が引き下げられ、税率区分を6段階から8段階とするとともに最高税率が50％から55％に引き上げられました。これに伴って相続税の申告をしなければならない方の数が都心部を中心に相当増加しており、申告が必要なのかどうかのご相談も非常に多くなっているのが実情です。

　所得税や法人税の申告は毎年必要ですから、最初は不慣れでも徐々に慣れ、しかも毎月の月次決算がありますので、必要な書類を改めて用意することもほとんどありません。一方、相続税の申告は、亡くなった方の遺産をすべて調べることから始まります。相続人が知らない、亡くなった方の財産が出てくることも珍しくありません。通夜、葬儀、四十九日、生命保険の手続き、電気・ガス・水道・電話・自動車その他の名義変更の手続きなどやらなければならないことが山積みになります。そんな中、期限までに実行しなければならないこともあり、また、相続税申告に必要な多くの書類をそろえる必要もあります。

　本書は、相続税の申告書作成にあたって必要な書類の準備と手続きの進め方をまとめ、納税者や税理士の方々がスムーズかつ必要なことを期限までに実行するための手引きとなることを目指しました。従いまして相続税申告の税務として重要な評価や各種特例などの諸規定の詳細については必要な書類や手続きを除いて記載していません。また、遺産分割協議にかかわる民法上の規定や相続人間の調整などについても触れていませんのでご了承ください。本書が初めて相続税の申告を行う方や経験の少ない税理士の方々の手引きとしてお役に立てば幸いです。

平成28年7月

今　仲　　　清

目次

はじめに

第1章 相続税申告に向けての準備編

- **I 相続税申告までのスケジュール**……………… 2
    - ① 相続開始から3か月以内　4
    - ② 相続開始から4か月以内　5
    - ③ 相続開始から10か月以内　5
    - ④ 相続税申告フロー表　6
- **II 相続税申告の要否判定**……………………… 8
    - ① 相続税申告要否簡易判定シート　9
    - ② 法定相続人の数（基礎控除）の確認　9
    - ③ 相続財産及び債務等の確認　10
    - ④ 要否の簡易判定　11
- **III 被相続人の経歴書**…………………………… 16
    - ① 被相続人の経歴書　17
    - ② 職歴・趣味・嗜好　17
    - ③ 病歴と死亡原因　18
    - ④ 人物像と家族関係　18
- **IV 相続人の確定と相続財産の分割**……………… 19
    - ① 戸籍謄本等の収集　19
    - ② 遺言書の有無確認　20
    - ③ 相続人に未成年者がいる場合　21
    - ④ 遺産分割協議書の写し　21
- **V 過去の申告書・届出書・調書等の確認**……… 24
    - ① 被相続人が相続人の一人として行った相続税申告書　24
    - ② 被相続人の所得税確定申告書及び決算書　25
    - ③ 財産債務調書　25
    - ④ 国外財産調書　30

VI 【相続財産】不動産 ・・ 31
　1 不動産の確認　31
　2 未登記物件の把握　32
　3 先代名義の不動産の把握　32
　4 同族法人の資産として計上されている個人登記不動産　33
　5 共有不動産の把握　34
　6 現地調査　34
　7 広大地評価の必要書類　35
　8 国外に所在する不動産　35
　9 借地の確認事項　36
　10 借地権又は耕作権の目的となっている土地　36
　11 建物賃貸借契約　37

VII 【相続財産】事業（農業）用財産 ・・・・・・・・・・・・・・・・・・・・・・・・・ 38
　1 事業（農業）用財産の確認　38

VIII 【相続財産】有価証券 ・・・・・・・・・・・・・・・・・・・・・・・・・・・・・・・・・・・・・ 42
　1 上場株式等　42
　2 単元未満株式等の確認　43
　3 非上場株式等　44
　4 名義が異なるが被相続人に帰属する有価証券の判定　47
　5 日本国外の有価証券　48

IX 【相続財産】現金・預貯金 ・・・・・・・・・・・・・・・・・・・・・・・・・・・・・・・・・ 49
　1 預貯金残高証明書と預貯金通帳等　49
　2 過去7年分の預貯金がわかる記録　50
　3 親族の被相続人相続開始日の金融資産一覧表の作成　51
　4 名義預金と判定されるものは被相続人の財産として申告　53
　5 既経過利息の計上　53

X 【相続財産】家庭用財産 ・・・・・・・・・・・・・・・・・・・・・・・・・・・・・・・・・・・・ 54
　1 家庭用財産　54

XI 【相続財産】生命保険金・退職手当金等 ・・・・・・・・・・・・・・・・・・・ 55
　1 生命保険金　55
　2 生命保険契約に関する権利　56
　3 契約者等が家族などの生命保険契約　56

- ④ 退職手当金　57
- ⑤ 弔慰金、花輪代、葬祭料等　57

XII 【相続財産】立　　木　……………………………………59
- □ 立　木　59

XIII 【相続財産】その他の財産　………………………………60
- ① 貸付金・前払金等　60
- ② 庭園設備　61
- ③ 自動車・ヨット等　61
- ④ 貴金属（金地金等）、書画、骨とう等　62
- ⑤ ゴルフ会員権やレジャークラブ会員権等　62
- ⑥ 未収給与、未収地代・家賃等　63
- ⑦ 未収配当金　63
- ⑧ 電話加入権　64
- ⑨ 特許権、著作権、営業権　64
- ⑩ 未収穫の農産物等　64
- ⑪ 所得税及び復興特別所得税の準確定申告の還付金　65

XIV 【債務・葬式費用】債　　務　………………………………66
- ① 借入金、未払金、未納固定資産税、未納所得税　66
- ② 預かり保証金・敷金等　67
- ③ 相続放棄者の確認　67

XV 【債務・葬式費用】葬式費用　………………………………68
- □ 葬式費用　68

XVI 生前贈与財産の相続財産への加算　……………………69
- ① 相続時精算課税にかかる贈与によって取得した財産　69
- ② 暦年贈与によって取得した財産　73
- ③ 110万円以内の贈与も加算　73
- ④ 相続開始の年に被相続人から贈与を受けた居住用不動産又は金銭を特定贈与財産としている場合　73

第2章　特例適用のための準備編

I 【特例】小規模宅地等についての課税価格の計算特例　………76

1　特定居住用宅地等　79
　　　2　特定事業用宅地等　81
　　　3　特定同族会社事業用宅地等　83
　　　4　貸付事業用宅地等　84
Ⅱ　【特例】特定計画山林 ································· 85
Ⅲ　【特例】農地等の納税猶予 ···························· 87
　　　1　農地等の納税猶予の特例　87
　　　2　農業委員会での適格者証明願　88
　　　3　担保の提供　93
Ⅳ　非上場株式等の納税猶予 ······························ 95
　　　1　非上場株式等の相続税の納税猶予・免除制度の全体像　95
　　　2　経済産業大臣への認定申請書　97
　　　3　非上場株式等の相続税の納税猶予・免除制度の適用を受けるために必要な書類　106

第3章　税額計算等編

Ⅰ　基礎控除額 ··· 112
Ⅱ　【税額計算等】税額加算 ······························ 113
Ⅲ　【税額計算等】税額計算・税額控除 ···················· 114
Ⅳ　【税額計算等】配偶者の税額軽減 ······················ 115

第4章　延納・物納編

Ⅰ　延　　納 ··· 118
　　　1　延納の概要　118
　　　2　延納の要件　118
　　　3　延納手続の流れ　119
　　　4　延納の必要書類　120
　　　5　延納に必要な添付書類　120

Ⅱ　物　　納･･･ 132
　　① 物納の概要　132
　　② 物納の要件　132
　　③ 物納手続の流れ　133
　　④ 物納の必要書類　134
　　⑤ 物納に必要な添付書類　134

第5章　相続税申告書の記載方法

Ⅰ　事例による相続税申告書記載の手順･･････････････ 156
　　□ 相続税申告書記載の手順　156
Ⅱ　相続税申告書記載例････････････････････････････ 158
　　□ 事　　例　158
Ⅲ　相続税がかかる財産の明細書の記載例（第11表）･･････ 159
Ⅳ　小規模宅地等についての課税価格の計算明細書
　　（第11・11の2表の付表1）･･････････････････････ 162
Ⅴ　生命保険金などの明細書（第9表）･･･････････････ 166
Ⅵ　債務及び葬式費用の明細書（第13表）････････････ 169
Ⅶ　純資産価額に加算される暦年課税分の贈与財産価額の明細書
　　（第14表）･･･････････････････････････････････ 172
Ⅷ　相続財産の種類別価額表（第15表）･･････････････ 175
Ⅸ　相続税の申告書の課税価格の計算････････････････ 178
Ⅹ　マイナンバー記載の留意点･･････････････････････ 180
Ⅺ　相続税の総額の計算････････････････････････････ 182
Ⅻ　相続税の申告書の各人の算出税額････････････････ 185
ⅩⅢ　配偶者の税額軽減額の計算････････････････････ 187
ⅩⅣ　相続税の申告書の各人の納付すべき税額････････ 190
ⅩⅤ　相次相続控除額の計算書･･････････････････････ 192

第1章

相続税申告に向けての準備編

I 相続税申告までのスケジュール

■図表1-1　相続税申告までのタイムスケジュール

日程	相続の開始	3か月以内	4か月以内
関連事項	□被相続人の死亡 □葬儀 □四十九日の法要	□遺言書の有無の確認 □遺言・債務・生前贈与の概要を把握するための資料収集 □遺産分割協議の準備 □相続の概算額の把握 □相続人の確認 □相続の放棄又は限定承認	□百か日の法要 □被相続人に係る所得税の申告・納付（準確定申告） □被相続人に係る消費税・地方消費税の申告・納付
備考	死亡届の提出（7日以内） 葬式費用の領収書の整理・保管	家庭裁判所の検認・開封 （家庭裁判所へ）未成年者の特別代理人の選定準備 家庭裁判所へ、申述	被相続人の死亡した日までの所得税を申告 被相続人の死亡した日までの消費税・地方消費税を申告

第1章 相続税申告に向けての準備編

□ 遺産の名義変更手続き	**10か月以内**	
	□ 相続税の申告・納付	
	（延納・物納の申請）	
	□ 納税資金の検討	
	□ 相続税の申告書の作成	被相続人の住所地の税務署に申告
	□ 特例農地等の納税猶予の手続き	農業委員会への証明申請等
	□ 特定の公益法人へ寄附等	
	□ 未分割財産の把握	
	□ 各相続人が取得する財産の把握	
	□ 非上場株式の相続税の納税猶予（経済産業局への申請）（8か月以内）	
	□ 遺産分割協議書の作成	
	□ 遺産の調査、評価・鑑定	
	□ 根抵当の設定された物件の登記（6か月以内）	
	□ 非上場株式の相続税の納税猶予――代表権取得（5か月以内）	

> **Q** 相続税の申告期限は相続の開始から10か月以内とされていますが、何をどのように進めたらよいのかがよく分かりません。時系列で、手続きや準備の進め方を教えてください。

A

1 相続開始から3か月以内

　人が亡くなると亡くなった日から7日以内に市区町村役場に死亡届を提出しなければなりません。マイナンバーの運用が本格的にスタートするまでは、金融機関がその方の死亡の事実を知らなければ亡くなった方の預貯金をキャッシュカードで引き出すことが可能な場合も見受けられました。しかし、平成29年1月以降、マイナポータルの運用が始まりだすと、死亡届を出した時点以降は、亡くなった方の金融口座は凍結されることになると考えられます。

　遺言書がある場合には、自筆証書遺言の場合には家庭裁判所の検認・開封が必要となります。公正証書遺言や秘密証書遺言があることが明確であればいいのですが、有無が明らかでない場合には最寄りの公証役場で簡単に検索することができます。遺言書があり、それが有効なものであればその内容によって遺言執行がなされます。遺言書がなければ財産目録を作成した上で相続人全員による遺産分割協議を行います。また、相続人に未成年者がいる場合には家庭裁判所で特別代理人の選定の手続きが必要となります。相続人を確定するには、亡くなった方のすべての相続人を明らかにすることができるだけの戸籍の謄本（原戸籍を含む）が必要です。これらは、金融機関の被相続人の金融口座の解約や名義変更などの際にも必要となります

　ある程度落ち着いてくれば、遺産・債務・生前贈与の概要を把握します。そのためには後程詳しくまとめる必要書類を準備しなければなりま

せん。準備に時間のかかるものも多いため、できるだけ早く税理士に依頼し、着手するのがいいでしょう。

　すべての財産が詳細に1円単位で確定するには時間がかかります。概算の遺産総額と相続税額の把握をし、相続税の納税資金の準備も含めた遺産分割協議の準備をします。

　相続の放棄や限定承認は相続の開始があったことを知った日から3か月以内に家庭裁判所に相続放棄申述書または「相続の限定承認の申述書」等を提出しなければなりません。なお、これらについては家庭裁判所への申立てにより、3か月の熟慮期間の伸長をすることができ、これを繰返すことにより6カ月、9カ月と伸長することも可能です。

② 相続開始から4か月以内

　相続開始の日の翌日から4か月以内に被相続人のその年1月1日から死亡した日までの所得税、消費税及び地方消費税の申告・納付が必要です。平成27年7月以後の相続開始から、相続人が一人でも海外に居住しているときは、被相続人の有価証券等の価額の合計額が1億円以上の場合には、被相続人が有価証券等を譲渡したものとみなして譲渡所得税が課税されています。この点にも注意が必要です。

③ 相続開始から10か月以内

　金銭消費貸借によって借り入れをしている場合に、その担保として土地に根抵当を設定されている場合、6か月以内にその土地を相続する者を決めて登記をしなければなりません。できればすべての遺産の調査、評価を終え、遺産分割協議を円満に終えておくのが理想です。そのような事情がない場合でも、できるだけ早く分割協議を終えて各相続人が取得する財産を確定し、できるだけ早く次に必要な手続きに入りたいものです。非上場株式の相続税の納税猶予制度の適用には、**被相続人の相続**

開始の日から5か月以内に代表権を持ち、8か月以内に経済産業大臣に申請しなければなりません。また、特例農地等の納税猶予についても農業委員会からの各種証明書の交付には時間がかかることもあるため、早期に手続きに入っておく必要があります。

相続税の申告・納付の期限は**相続の開始を知った日の翌日から10か月以内**です。期限には納付を終えることが原則ですが、条件を満たせば延納や物納も認められており、これらの検討や納税資金の準備も早期に始めることが円滑な納税の上で重要です。

4 相続税申告フロー表

相続税の申告の依頼を受けてから申告書の提出を終えて返却するまで、様々な手続きが必要となります。短期に多くの資料準備、手続き、確認、評価、書類作成を行わなければなりません。きちんとした計画を立て、その実行フォローを行う必要があります。そこで次のような相続税申告フロー表を作成し、日程計画を記入した上で完了するごとに押印する表を作成します。

第1章 相続税申告に向けての準備編

■図表1-2 相続税申告フロー表

被相続人名	資料依頼	相続人情報	準備	現地確認	財産評価	契約書	申請業務（納延物）	分割協議	相続人押印 / 所長押印	提出	返却
相続開始日											
申告期限											
相続開始日											
申告期限											
相続開始日											
申告期限											
相続開始日											
申告期限											
相続開始日											
申告期限											
相続開始日											
申告期限											
相続開始日											
申告期限											

II 相続税申告の要否判定

■図表1-3 申告要否の簡易判定シート

相続税の申告が必要？　　　**申告要否の簡易判定シート**

1 法定相続人の数(基礎控除額)の確認

法定相続人の数を確認して、基礎控除額の計算を行います。
① 被相続人(亡くなられた人をいいます。)の配偶者はいますか。
　 いる場合は「1」を入力してください。
② 被相続人の配偶者以外の相続人の確認です。
　 該当する場合は人数を入力してください。

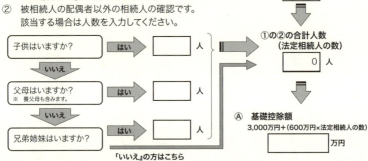

①の②の合計人数
（法定相続人の数）
　　　　　0 人

Ⓐ 基礎控除額
3,000万円+(600万円×法定相続人の数)
　　　　　　　　　　　　　万円

「いいえ」の方はこちら

・子供がいる場合の父母及び兄弟姉妹の人数、子供はいないが父母がいる場合の兄弟姉妹の人数は、入力しないでください。

2 相続財産及び債務等の確認

相続財産等の価額を入力してください。　※おおよその金額で結構です。

① 土地、建物、有価証券、預貯金、現金などのほか、金銭に見積もることができる財産　　　　　　万円
② 死亡に伴い支払われる生命保険金や退職金
　 (500万円×法定相続人の数を差し引く)　　　　　万円
③ 被相続人から生前に贈与を受けた財産　　　　　　万円
　 (相続時精算課税適用財産・相続開始前3年以内に取得した暦年課税適用財産)
④ 借入金などの債務、葬式費用　　△　　　　　　　万円

Ⓑ 課税価格の合計額
　　　　　0 万円

3 申告要否の簡易判定

「Ⓑ 課税価格の合計額」から「Ⓐ 基礎控除額」を差し引きます。

Ⓑ　　　　万円 － Ⓐ　　　　万円 ＝ Ⓒ　　　　万円

Ⓒの金額がプラスになる場合は、相続税の申告手続が必要となる場合があります。

相続税には各種特例(小規模宅地等の特例、配偶者の税額軽減(配偶者控除)など)があり、申告手続を行うことにより適用を受けることができます。

Q いわゆる富裕層の方でしたら話は別ですが、自分たち家族は相続税がそもそも課税されるのかどうか分かりません。平成27年1月の相続から適用されている改正相続税法により、相続税の課税対象になるかどうかを大まかに判定するにはどうすればよいですか。

A

① 相続税申告要否簡易判定シート

　国税庁では納税者が自身で相続税の申告が必要かどうかを判定することができる「相続税申告要否の簡易判定シート」（一部加工、8頁）をホームページ及び説明パンフレットによって開示しています。相続税が課税されるかどうかボーダーラインにあると思われる被相続人にかかる相続人に対して、この用紙が郵送されている場合もあるようです。

　相続税が課税されるかどうかは、被相続人が相続開始時点で保有していた財産及び被相続人を被保険者として保険料を負担していた生命保険に基づいて相続人が取得した保険金などのみなし相続財産などを、財産評価基本通達によって詳細に計算しなければなりません。しかし、この簡易シートでは相続税申告の要否について、簡易に判定するためのものですので、金額の選定はおおよその金額でよいこととしています。

② 法定相続人の数（基礎控除）の確認

　相続税には基礎控除があり、<u>3,000万円＋600万円×法定相続人数</u>以下の課税価格の合計額の場合には相続税の申告そのものが不要です。1年間に亡くなられた方のうち、90％を超える方が相続税の申告の必要がありません。法定相続人を確認するために、戸籍の謄本が必要になります。子がいる場合には子と配偶者の人数の合計となります。養子であ

る子がいる場合には、ほかに実子がいる場合には一人、実子がいない場合には二人まで養子を人数に入れることができます。

③ 相続財産及び債務等の確認

　財産総額が基礎控除を超えるかどうかは、財産の総額を算定する必要があります。実際の申告にあたっては財産評価基本通達に従ってルール通りに計算しなければなりませんが、概算額で申告の必要があるかどうかを判定することができます。

(1) 土　　地

　土地は路線価がついている場合には路線価を基に計算することとされていますが、一般的には**固定資産税の評価額（課税標準額ではありません。）×1.1**で計算して大きな差異はないと思われます。

(2) 建　　物

　建物は、最近大きな改修や増築をしていない限り固定資産税評価額でよいでしょう。

(3) 預貯金・現金・上場株式等

　亡くなられた日における残高でよいでしょう。上場株式については、亡くなられた日の金額よりも低くなることもありますが、概算額を計算する場合にはこれでよいでしょう。

(4) 死亡に伴い支払われた生命保険金

　亡くなられた方を被保険者とし、保険料を亡くなられた方が支払っていた生命保険契約に基づく死亡保険金は、民法上は受取人の財産となります。しかし、相続税法では亡くなった方の財産とみなして相続税の課税対象としています。しかし、**500万円×法定相続人数**を限度として非課税とする措置が取られていますので、受取った死亡保険金の総額から非課税金額を控除して財産に加算します。

(5) 死亡に伴い支払われた退職金

亡くなられた方が勤めていた会社から死亡退職金が相続人に支払われた場合も、500万円×法定相続人数を限度とする非課税措置が取られています。受け取った死亡退職金の額の総額から非課税金額を控除して財産に加算します。

(6) 被相続人から生前に贈与を受けていた財産

相続時精算課税制度の適用を受けて贈与を受けていた財産や相続開始前3年以内に贈与を受けていた財産は、相続税の課税対象となりますので加算しなければなりません。

(7) 借入金や未払いの固定資産税などの債務及び葬式費用

借入金や未払いの固定資産税などの債務や葬式にかかった費用で一定のものは財産から控除します。

4 要否の簡易判定

上記(1)から(6)までの財産を合計し、(7)の債務を控除した金額から基礎控除を差し引いてプラスになる場合には、相続税の申告が必要になる可能性があります。

この金額がマイナスになった場合には申告の必要がない場合が多いと考えられます。プラスになった場合でもこれらはあくまでも概算の計算ですから、財産評価方法に従って正確に計算し直す必要があります。正確に計算してもなおプラスの場合には、相続税の申告が必要となります。申告が必要な場合でも、土地の評価額から一定額を控除できる小規模宅地等の特例や配偶者の税額軽減などがありますので、申告することによって税額がゼロになることや大きく減少することもあります。

■図表1-4　相続税の申告のためのチェックシート（平成28年分以降用）

　このチェックシートは、相続税の申告書が正しく作成されるよう、一般に誤りやすい事項をまとめたものです。
　申告書作成に際して、検討の上、申告書に添付してご提出くださるようお願いいたします。

区分	検討項目	検討内容	検討済(✓)	検討資料	検討資料（又は写し）の添付
相続財産の分割等		① 遺言書がありますか。 ② 相続人に未成年者はいませんか。 ③ 戸籍の謄本がありますか。 ④ 遺産分割協議書がありますか。	□ □ □ □	○ 家庭裁判所の検認を受けた遺言書又は公正証書による遺言書の写し ○ 特別代理人選任の審判の証明書 ○ 戸籍の謄本（注1） ○ 遺産分割協議書の写し、各相続人の印鑑証明書（注2）	有（　部）・無 有（　部）・無 有（　部）・無 有（　部）・無
相続財産	不動産	① 未登記不動産はありませんか。 ② 共有不動産はありませんか。 ③ 先代名義の不動産はありませんか。 ④ 他の市区町村に所在する不動産はありませんか。 ⑤ 日本国外に所在する不動産はありませんか。 ⑥ 他人の土地の上に存する建物（借地権）及び他人の農地を小作（耕作権）しているものはありませんか。 ⑦ 貸付地について、「土地の無償返還に関する届出書」は提出されていませんか。 ⑧ 土地に縄延びはありませんか。	□ □ □ □ □ □ □ □	○ 所有不動産を証明するもの（固定資産税評価証明書、登記事項証明書等） ○ 賃貸借契約書、小作に付されている旨の農業委員会の証明書 ○ 土地の無償返還に関する届出書 ○ 実測図等	有（　部）・無 有（　部）・無 有（　部）・無 有（　部）・無 有（　部）・無 有（　部）・無 有（　部）・無 有（　部）・無
	事業（農業）用財産	○ 事業用財産又は農業用財産の計上漏れはありませんか。	□	○ 資産・負債の残高表、所得税青色申告決算書・収支内訳書	有（　部）・無
	有価証券	① 株式・出資・公社債・貸付信託・証券投資信託の受益証券等の計上漏れはありませんか。 ② 名義は異なるが、被相続人に帰属するものはありませんか（無記名の有価証券も含みます。）。 ③ 増資等による株式の増加分や端株についての計上漏れはありませんか。 ④ 株式の割当を受ける権利、配当期待権はありませんか。 ⑤ 日本国外の有価証券はありませんか。	□ □ □ □ □	○ 証券、株券、通帳又はその預り証 ○ 証券、株券又はその預り証 ○ 配当金支払通知書（保有株数表示） ○ 評価明細書等	有（　部）・無 有（　部）・無 有（　部）・無 有（　部）・無 有（　部）・無
	現金・預貯金	① 相続開始日現在の残高で計上していますか。 （現金の残高も確認しましたか。） ② 郵便貯金も計上していますか。 ③ 名義は異なるが、被相続人に帰属するものはありませんか（無記名の預金も含みます。）。 ④ 日本国外の預貯金はありませんか。 ⑤ 既経過利息の計算は行っていますか。利息は、相続開始日に解約するとした場合の利率で計算し、その額から源泉所得税相当額を控除します。	□ □ □ □ □	○ 預貯金・金銭信託等の残高証明書、預貯金通帳等	有（　部）・無 有（　部）・無 有（　部）・無 有（　部）・無 有（　部）・無
	家庭用財産	○ 家庭用財産の計上漏れはありませんか。	□		有（　部）・無

※次ページに続く。

被相続人氏名　_____
相続人代表
住　所
氏　名
　　　電話　　（　　）

関与税理士　所在地
　　　　　　氏名
　　　　　　電話

（資4-81-1-A4統一）

第1章 相続税申告に向けての準備編

区分	検討項目	検討内容	検討済(✓)	検討資料	検討資料(又は写し)の添付
相続財産	生命保険金・退職手当金等	① 生命保険金の計上漏れはありませんか。 ② 生命保険契約に関する権利の計上漏れはありませんか。 ③ 契約者が家族名義などで、被相続人が保険料を負担していた生命保険契約はありませんか。 ④ 退職手当金の計上漏れはありませんか。 ⑤ 弔慰金、花輪代、葬祭料等の支給を受けていませんか(退職手当金等に該当するものはありませんか)。	□ □ □ □ □	○ 保険証券、支払保険料計算書、所得税及び復興特別所得税の確定申告書(控)等 ○ 退職金の支払調書、取締役会議事録等	有(部)・無 有(部)・無 有(部)・無 有(部)・無 有(部)・無
	立木	樹種、樹齢等は確認されていますか。	□	○ 立木証明書、森林経営計画書、森林簿、森林組合等の精通者意見など	有(部)・無
	その他の財産	① 貸付金、前払金等はありませんか。 ② 庭園設備はありませんか。 ③ 自動車、ヨット等はありませんか。 ④ 貴金属(金地金等)、書画、骨とう等はありませんか。 ⑤ ゴルフ会員権やレジャークラブ会員権等の計上漏れはありませんか。 ⑥ 未収給与、未収地代・家賃等はありませんか。 ⑦ 未収配当金の計上漏れはありませんか。 ⑧ 電話加入権の計上漏れはありませんか。 ⑨ 特許権、著作権、営業権等はありませんか。 ⑩ 未収穫の農産物等はありませんか。 ⑪ 所得税及び復興特別所得税の準確定申告の還付金はありませんか。	□ □ □ □ □ □ □ □ □ □ □	○ 法人税の確定申告書(控)、借用証等 ○ 現物の確認(最近取得している場合は、取得価額の分かる書類) ○ 会員証(券) ○ 賃貸借契約書、通帳、領収書(控) ○ 評価明細書 ○ 総勘定元帳、決算書 ○ 所得税及び復興特別所得税の準確定申告書(控)	有(部)・無 有(部)・無 有(部)・無 有(部)・無 有(部)・無 有(部)・無 有(部)・無 有(部)・無 有(部)・無 有(部)・無 有(部)・無
債務・葬式費用	債務	① 借入金、未払金、未納となっていた固定資産税、所得税などの計上漏れはありませんか。 ② 預り保証金(敷金)等の計上漏れはありませんか。 ③ 相続を放棄した相続人はいませんか。	□ □ □	○ 納付書、納税通知書、請求書、手形 ○ 賃貸借契約書 ○ 相続権利放棄申述の証明書	有(部)・無 有(部)・無 有(部)・無
	葬式費用	① 法要や香典返しに要した費用が含まれていませんか。 ② 墓石や仏壇の購入費用が含まれていませんか。	□ □	○ 領収証、請求書等	有(部)・無 有(部)・無
生前贈与財産の相続財産への加算		【相続時精算課税】 ① 相続時精算課税に係る贈与によって取得した財産は加算していますか。 ② 相続時精算課税適用者がいる場合に必要な書類を添付していますか。	□ □	○ 贈与税の申告書(控) ○ 申告書第11の2表 ○ 相続人の戸籍の附票の写し(注3) ○ 相続時精算課税適用者の戸籍の附票の写し(相続時精算課税適用者が平成27年1月1日において20歳未満の者である場合には提出不要です)。(注3)	有(部)・無
		【暦年課税】 ① 相続開始前3年以内に贈与を受けた財産は加算していますか(基礎控除額未満の贈与も含みます)。 ② 配偶者が相続開始の年に被相続人から贈与を受けた居住用不動産又は金銭を特定贈与財産としている場合に必要な書類を添付していますか。	□ □	○ 贈与証書、贈与税の申告書(控)、預貯金通帳 ○ 申告書第14表 ○ 配偶者の戸籍の附票の写し(注4) ○ 居住用不動産の登記事項証明書	有(部)・無 有(部)・無
評価	不動産	① 土地の評価は実測面積によっていますか。 ② 貸付地は地上権や賃借権又は借地借家法に規定する借地権が設定されている土地ですか。 ③ 土地の地目は現況地目で評価し、画地計算にも誤りはありませんか(現況地目と固定資産税評価証明書の現況地目は同じですか。)。 ④ 固定資産税評価額、財産評価基準の倍率、路線価並びに計算に誤りはありませんか。 ⑤ 借地権割合、借家権割合に誤りはありませんか。 ⑥ 市街地周辺農地は20%評価減をしていますか。 ⑦ 市街地農地は20%評価減をしていますか。 ⑧ 市街地農地等の宅地造成費の計算誤りはありませんか。 ⑨ たな卸資産である不動産の評価は適正ですか。	□ □ □ □ □ □ □ □ □	○ 実測図 ○ 土地の賃貸借契約書、住宅地図 ○ 土地及び土地の上に存する権利の評価明細書、固定資産税評価証明書 ○ 固定資産税評価証明書 ○ 市街地農地等の計算明細書	有(部)・無 有(部)・無 有(部)・無 有(部)・無 有(部)・無 有(部)・無 有(部)・無 有(部)・無 有(部)・無

※次頁に続く。
(資4-81-1-A4統一)

区分	検討項目	検討内容	検討済(✓)	検討資料	検討資料(又は写し)の添付
評価	非上場株式	① 貸借対照表に計上されていない借地権はありませんか。	□	○ 土地の賃貸借契約書	有(部)・無
		② 機械等に係る割増償却額を修正していますか。	□		有(部)・無
		③ 法人の受取生命保険金及び生命保険の権利の評価を資産計上していますか。	□		有(部)・無
		④ 財産的価値のない繰延資産を資産計上していませんか。	□		有(部)・無
		⑤ 準備金、引当金(平成14年改正法人税法附則第8条第2項及び第3項適用後の退職給与引当金を除きます。)を負債計上していませんか。	□	○ 法人税の確定申告書(控) ○ 取引相場のない株式の評価明細書	有(部)・無
		⑥ 死亡退職金を負債計上していますか。	□		有(部)・無
		⑦ 受取生命保険金の保険差益について、課される法人税額等を負債計上していますか。	□		有(部)・無
		⑧ 未納公租公課を負債計上していますか。	□	○ 納税通知書	有(部)・無
		⑨ 3年以内に取得した土地建物等は、「通常の取引価額」で計上していますか。	□	○ 不動産売買契約書、登記事項証明書	有(部)・無
	上場株式等	① 上場株式の評価に誤りはありませんか。	□	○ 上場株式の評価明細書等	有(部)・無
		② 利付債、割引債を額面で評価していませんか。	□		有(部)・無
	立木	① 相続人及び包括受遺者の取得したものについて15%の評価減をしていますか。	□	○ 山林・森林の立木の評価明細書	有(部)・無
		② 林地の実面積で評価していますか。	□	○ 実測図等	有(部)・無
特例	小規模宅地等	① 特例を適用する場合に必要な書類を添付していますか。	□	○ 申告書第11・11の2表の付表1 ○ 申告書第11・11の2表の付表1(別表) ○ 遺言書又は遺産分割協議書の写し及び印鑑証明書(注2)	有(部)・無
		イ 特定居住用宅地等に該当する場合・特例を適用する場合に必要な書類を添付していますか。 ※ 被相続人が養護老人ホームに入所していたことなど一定の事由により相続開始の直前において被相続人の居住の用に供されていなかった宅地等については、「相続税の申告のしかた」等をご確認ください。	□	○ 特例の適用を受ける宅地等を自己の居住用に供していることを明らかにする書類(特例の適用を受ける人が被相続人の配偶者である場合又はマイナンバー(個人番号)を有する者である場合には提出不要です。) ○ 被相続人の親族で、相続開始前3年以内に自己又は自己の配偶者の所有する家屋に居住したことがないなど一定の要件を満たした人が、被相続人の居住の用に供されていた宅地等について特例の適用を受ける場合には以下の書類が必要です。 ・相続開始前3年以内における住所又は居所を明らかにする書類(特例の適用を受ける人がマイナンバーを有する者である場合には提出不要です。) ・相続開始前3年以内に居住していた家屋が、自己又は自己の配偶者の所有する家屋以外の家屋である旨を証する書類	有(部)・無
		・取得者ごとの居住継続(相続開始の直前から相続税の申告期限まで引き続きその家屋に居住していること)、所有継続(相続税の申告期限まで有していること)の要件を満たしていますか。	□		
		ロ 一定の郵便局舎の敷地の用に供されている宅地等で、特定事業用宅地等に該当する場合に必要な書類を添付していますか。	□	○ 総務大臣が交付した証明書	有(部)・無
		ハ 特定同族会社事業用宅地等に該当する場合に必要な書類を添付していますか。	□	○ 法人の定款の写し ○ 法人の発行済株式の総数(又は出資の総額)及び被相続人等が有するその法人の株式の総数(又は出資の総額)を記載した書類でその法人が証明したもの	有(部)・無
		② 居住用の部分と貸付用の部分があるマンションの敷地等については、それぞれの部分ごとに面積をあん分して軽減割合を計算していますか。	□	○ 賃貸借契約書等	有(部)・無
		③ 貸付事業用宅地等(不動産貸付業、駐車場業、自転車駐車場業及び準事業)について、特定事業用宅地等として80%減をしていませんか。	□	○ 収支内訳書(不動産所得用)	有(部)・無
		④ 面積制限の計算を適正にしていますか。	□	○ 申告書第11・11の2表の付表1	有(部)・無
		⑤ 未分割の宅地に適用していませんか。	□	○ 遺言書又は遺産分割協議書	有(部)・無
		○ 未分割の場合に「申告期限後3年以内の分割見込書」を添付していますか。	□	○ 申告期限後3年以内の分割見込書	有(部)・無

※次頁に続く。

第1章 相続税申告に向けての準備編

区分	検討項目	検討内容	検討済(✓)	検討資料	検討資料(又は写し)の添付
特例	特定計画山林	① 調整限度額の計算を適正にしていますか。 ② 特例を適用する場合に必要な書類を添付していますか。	□ □	○ 申告書第11・11の2表の付表2 ○ 遺言書又は遺産分割協議書の写し及び印鑑証明書（注2） ○ 森林経営計画書の写し ○ 特例の適用を受ける資産の内容の分かるもの	有（　部）・無 有（　部）・無
		○ 未分割の場合に「申告期限後3年以内の分割見込書」を添付していますか。	□	○ 申告期限後3年以内の分割見込書	有（　部）・無
	農地等の納税猶予	① 期限内申告ですか。 ② 遺言書又は遺産分割協議書がありますか。 ③ 被相続人は死亡の日まで、特例適用農地について農業を営んでいましたか。 ④ 贈与税の納税猶予の特例の適用を受けていた場合、特例適用者は相続人であり、かつ、速やかに農業経営を開始していますか。 　その特例農地等を計上していますか。 ⑤ 現況が農地等以外の土地又は特定市街化区域農地等（区市営農地等を除きます。）に特例を適用していませんか。 ⑥ 必要な書類を添付していますか。	□ □ □ □ □ □	○ 贈与税の申告書（控） ○ 遺言書又は遺産分割協議書の写し及び印鑑証明書（注2） ○ 農業委員会の適格者証明書等 ○ 担保の提供に関する書類	有（　部）・無 有（　部）・無 有（　部）・無 有（　部）・無 有（　部）・無 有（　部）・無
課税価格		○ 申告書第1表の⑥のAは各人の課税価格の合計額となっていますか。	□		
基礎控除額		① 法定相続人数は戸籍謄本等で確認しましたか。 ② 代襲相続人はいませんか。 ③ 養子縁組（又は取消し）した人はいませんか。 ④ 法定相続人の数に含める養子の数は確認しましたか（実子がいる場合には1人、実子がいない場合には2人となります。）。	□ □ □ □	○ 戸籍の謄本（注1）	有（　部）・無 有（　部）・無 有（　部）・無 有（　部）・無
税額計算等	税額加算	① 相続人以外で遺贈・死因贈与により財産を取得された方はいませんか。 ② 相続又は遺贈により財産を取得した者が孫（代襲相続人を除きます。）や兄弟姉妹、受遺者等の場合は、税額の2割加算をしていますか。	□ □	○ 遺言書、贈与契約書	有（　部）・無 有（　部）・無
	税額計算	○ 法定相続分の計算は正しくされていますか（特に相続人に代襲相続人がいる場合）。	□		
	税額控除	○ 贈与税額控除、未成年者控除、障害者控除や相次相続控除などの控除額に誤りはありませんか。	□	○ 贈与税の申告書（控）、障害者手帳、戸籍の謄本（注1）、相続税の申告書	有（　部）・無
	配偶者税額軽減	① 遺言書又は遺産分割協議書の写しも添付しましたか。 ② 共同相続人等全員（特別代理人がいる場合には、特別代理人を含みます。）の印鑑証明書を添付しましたか。	□ □	○ 遺言書又は遺産分割協議書の写し、 ○ 印鑑証明書（注2）	有（　部）・無 有（　部）・無
		未分割（全部又は一部） ○「申告期限後3年以内の分割見込書」を添付していますか。	□	○ 申告期限後3年以内の分割見込書	有（　部）・無

その他検討項目	検討済(✓)	
① 生前の土地等の譲渡代金は相続財産に反映されていますか。	□	有（　部）・無
② 法令の適用誤り、税額の計算誤り等はありませんか。	□	有（　部）・無
③ 被相続人の所得税及び復興特別所得税について確定申告が必要な場合は、相続開始日の翌日から4か月以内に行う必要があります。	□	有（　部）・無
④ 相続税の延納、物納をされる場合は、申請書を相続税の申告書と同時に提出する必要があります。	□	有（　部）・無
⑤ 相続税の還付申告の方は、還付される税額の受取場所を申告書第1表の付表2に記載してください。	□	有（　部）・無

注1 「戸籍の謄本」は相続開始の日から10日を経過した日以後に作成されたもので、被相続人の全ての相続人を明らかにするものに限ります。
　2 配偶者に対する相続税額の軽減、小規模宅地等、特定計画山林及び農地等の納税猶予の特例の適用を受ける場合は、「印鑑証明書」は必ず原本を提出してください。
　3 「戸籍の附票の写し」は相続の開始日以後に作成されたものに限ります。
　4 「戸籍の附票の写し」は被相続人からの贈与を受けた日から10日を経過した日以後に作成されたものに限ります。

(資4-81-1-A4統一)

被相続人の経歴書

■図表1-5　被相続人の概要・経歴書

被相続人の概要

住　　　所		相続開始日	平成　年　月　日
被相続人		職　　業	
死亡原因		電話番号	（　）　－
死亡場所		申告期限	平成　年　月　日

被相続人の経歴書

最　終　学　歴	明治・大正・昭和　　年　　月　　日
最　終　職　歴	昭和・平成　　年　　月　　日

被相続人の出生から死亡までの経歴をわかる範囲で次にご記入下さい。

項　　目	年　月　日	内　　容
出　生　地		
先代からの相続		
学　　歴		
職　　歴		
結　　婚		
住所移転状況		
趣味・嗜好		書画骨董・貴金属・ゴルフ・自動車・ヨット・その他（読書・鑑賞等）
交友関係		ライオンズ・ロータリー・同業者組合・法人会・同好クフブ・その他
病　　歴		
財産管理	被相続人・親族（　　　　　）	
家族の生活費等源泉	給　与　収　入	勤務先：
	事　業　収　入	
	不動産賃貸収入	貸家・貸地・駐車場〈内訳〉
取引銀行・証券会社生命保険会社等	銀行	支店：担当者
	銀行	支店：担当者
	銀行	支店：担当者
	銀行	支店：担当者
	証券	支店：担当者
	証券	支店：担当者
	生命保険	支店：担当者
	生命保険	支店：担当者
そ　の　他	遺言の有無	
	生前贈与	

> **Q** 私たち家族は被相続人と別居していたため、恥ずかしながら被相続人のことをよく承知していません。被相続人のことをよく知るには、まずは何から始めればよいですか。

A

① 被相続人の経歴書

　被相続人に係る相続税の申告を適正にしようとしたときに、被相続人が過去どのような経歴で財産形成をしてきたかを知ることを欠かすことができません。そこで、被相続人の配偶者又は子などに上記の被相続人の経歴書を記入していただきます。出生年月日と出生地は戸籍を見ればわかりそうなものですが、思いもよらない事実が明らかになることもあります。先代からの相続、家督相続ということもあり得ます。

　学歴や職歴、結婚の時期、住所の移転歴、趣味・嗜好、交友関係、財産管理者（過去・相続開始直前）、家族の生活費の源泉、取引金融機関名と支店名などです。聴き取りによって記載してもよいのですが、できるだけ被相続人の配偶者又は子などに直接記載していただきます。

② 職歴・趣味・嗜好

　被相続人の職歴等によって、どのような分野に強かったのかが類推し、資産運用の方法を推測でき、趣味や嗜好品等がわかれば相続財産として計上すべきもの（ゴルフ会員権、貴金属、書画、骨董等）の確認の参考ともなります。また、過去の住所の変遷が分かれば、その居住地の近くに金融資産が残されていないかなども必要に応じて確認しておくべきでしょう。

3　病歴と死亡原因

　病歴を確認すると、病気の発生時期などから、相続対策を本格的に実行しだしたおおよその時期、被相続人の意思能力がいつごろまで明確だったのかなどがわかります。これにより相続開始前に行われた一連の行為が、被相続人の意思によるものなのか否かという重要な判断の要素となります。

4　人物像と家族関係

　人物像は、複数の相続人からの聴き取りによって確認します。世間話を織り交ぜながら、被相続人はどの様な価値観を持っていたのか、特に税に対する姿勢（優良法人として認定された法人の応接室には「表敬状」が掲げられたりしています）はどうであったか、親子関係はどうであったかなどさりげなく質問し確認します。

　誰と同居していたのか、誰が身の回りの世話をしていたのか、同居親族の生活費は誰がいくら負担していたのかなどの確認も必要です。また、預金通帳、銀行の届出印、不動産権利書などの重要書類等の管理は誰が行っていたのかの確認も欠かせません。

Ⅳ 相続人の確定と相続財産の分割

■図表1-6 相続人の確定等(相続財産の分割等)

検 討 内 容	検討済(✓)	検 討 資 料	検討資料(又は写し)の添付
① 遺言書がありますか。	□	○ 家庭裁判所の検認を受けた遺言書又は公正証書による遺言書の写し	有(部)・無
② 相続人に未成年者はいませんか。	□	○ 特別代理人選任の審判の証明書	有(部)・無
③ 戸籍の謄本がありますか。	□	○ 戸籍の謄本	有(部)・無
④ 遺産分割協議書がありますか。	□	○ 遺産分割協議書の写し、各相続人の印鑑証明書	有(部)・無

Q 相続税の申告に向けての準備を始めていきたいのですが、相続人を確定させて、相続財産がどのように分割されるのかを調べる方法を教えてください。

A ....

1 戸籍謄本等の収集

相続人を確定するために、亡くなった方の戸籍謄本を出生にまで遡って取り寄せる必要があります。

戸籍謄本、除籍謄本及び改製原戸籍謄本などが必要で、かつ、それらがつながっていなければなりません。相続人が先に亡くなっている場合、被相続人に離婚や再婚があった場合には、これらの戸籍も必要となります。戸籍は過去何度か改製されており、その都度様式が変更されています。古い戸籍から新しい戸籍にはその時点で有効な事項のみが記載されて移行されます。改正前の戸籍のことを「改製原戸籍」といいます。

相続人を確定するためには、被相続人の出生にまでさかのぼって、つ

ながって確認するためにはこれらをすべて確認する必要があるわけです。経験が浅く戸籍謄本の見方に慣れていない場合には、提携している司法書士の方に全面的に依頼するのも一つの方法です。なお、申告書に添付する「戸籍の謄本」は相続開始の日から10日を経過した日以後に作成されたもので、被相続人のすべての相続人を明らかにするものに限ります。

2 遺言書の有無確認

　公正証書、秘密証書または自筆証書による遺言がないかどうかの確認が必要です。

　平成元年以降に作成された公正証書遺言については、全国どこの公証役場でも「遺言検索システム」によって遺言の存在が確認することができます。遺言が発見されなかった場合でも、一度公証役場に行って確認することも必要かもしれません。

　自筆証書遺言及び秘密証書遺言については、家庭裁判所において検認を受ける必要があります。また、封印のある遺言書は家庭裁判所において相続人等の立会の上で開封しなければならないこととされています。相続人が公正証書遺言も含めてこれらの遺言書に従って名義変更を実行した場合には、その内容に従って相続人が財産を取得していますので、その内容に基づいて相続税の申告を行うことになります。相続税申告にあたっては、これらの遺言書の写しを添付することになります。

　もっとも、遺言書の記載内容によっては、遺言書のみで名義変更をできないことがあります。また、すべての財産について記載されていないこともあり、これらの場合には、不足部分や記載不備部分について別途遺産分割協議書を作成しなければならないこともあります。この場合には、遺産分割協議書の写しについても相続税申告書に添付することになります。

3 相続人に未成年者がいる場合

相続人に未成年者がいる場合には、未成年者は法律行為である遺産分割に加わることができません。

法定代理人の選定が必要となりますが、被相続人の配偶者である母親や孫養子となった相続人となった場合の父親などは、相続分割において利益が相反する関係にあるため、法定代理人になれません。そこで、利益を相反しない第三者を特別代理人として選任する必要があります。選任された特別代理人は、その未成年者に代わって遺産の分割協議を行って相続税の申告を行い、申告書には特別代理人選任の審判の証明書を添付することになります。

家庭裁判所への申立てから特別代理人の選任までの期間は通常1か月以上必要です。特別代理人の選任ができなければ遺産分割協議に入ることができません。出来るだけ早く手続きをしてできるだけ余裕をもって遺産分割協議を行うようにしたいものです。

4 遺産分割協議書の写し

遺言書がない場合には、財産目録を基に共同相続人間で遺産分割協議を行います。

協議結果に基づいて遺産分割協議書を代書する行為をする場合には行政書士の登録を行っていることが必要といえるでしょう。また、遺産分割の相談を受け、回答をする行為は法律行為とされ、これを「業」として行う場合は弁護士法違反となります。しかし、財産目録の作成は遺産分割協議書の作成ではありませんので特別の資格は不要です。

相続税に関する法令および通達等には、共同相続人等が適用要件等を満たしさえすれば選択を行うことができる項目が数多くあります。そのため、税務判断や税務申告処理等について、共同相続人と税理士との間にも、医療現場における医師と患者との間で既に実践されているイン

フォームド・コンセント（十分な説明と同意）が大切です。税理士に対する損害賠償請求の激増の一因は、このインフォームド・コンセントが実践されなかったり、不十分であったりすることにあると思われます。

そこで、税理士は、遺産分割協議に際して、共同相続人間の利害にも配慮しながら、税の優遇制度をフルに利用することによって、税負担を軽減させる具体策を盛り込んだ複数の遺産分割案を提示し、相続税額をシミュレーションし、その内容を分かりやすく説明し、共同相続人が十分に比較検討できる材料と時間を与えるようにしなければなりません。このことは遺産分割の相談を受け回答する行為ではありません。相続人が分割の意思決定をする上で重要な分割案毎の相続税額の試算であり、まさに税理士の独占業務である税務相談に属するものです。

結果として作成された遺産分割協議書の写し及び各相続人の「印鑑証明書」を相続税申告書に添付することになります。なお、配偶者に対する相続税の軽減、小規模宅地等、特定計画山林及び農地等の納税猶予の特例の適用を受ける場合には、「印鑑証明書」は必ず原本の提出が必要です。

■図表1-7　遺産分割協議書の記載例

遺産分割協議書

被相続人朝日太郎（平成二十八年一月二十三日死亡　住所　武蔵野市南北町四丁目八番地）の遺産については、同人の相続人の全員において分割協議を行った結果、各相続人がそれぞれ次のとおり遺産を分割し、取得することに決定した。

一　相続人朝日花子が取得する財産
　(1)　宅地　武蔵野市南北町四丁目八番
　　　参百弐拾八平方メートル
　(2)　右同所同番地　家屋番号八番
　　　木造瓦葺平屋建　居宅　床面積九拾九平方メートル
　(3)　右居宅内にある家財一式
　(4)　○○電力株式会社の株式　壱千株
　(5)　株式会社○○製作所の株式　壱千五百株

二　相続人朝日一郎が取得する財産
　(1)　株式会社朝日商店の株式　四万五千株
　(2)　○○銀行○○支店の被相続人朝日太郎名義の定期預金
　　　壱口　八百万円

三　相続人朝日二郎が取得する財産
　(1)　株式会社朝日商店の株式　四万株
　(2)　○○信託銀行○○支店の被相続人朝日太郎名義の定期預金
　(3)　金　壱口　参百五拾万円
　(4)　洋画○○作「風景」ほか四点

四　相続人夏野春子が取得する財産
　(1)　宅地　国分寺市東西町五丁目六番
　　　八拾九平方メートル
　(2)　○○社債　券面額　六百万円
　(3)　現金　七拾万円

五　相続人朝日一郎は、被相続人朝日太郎の次の債務を継承する
　　○○銀行○○支店からの借入金

右のとおり相続人全員による遺産分割の協議が成立したので、これを証するための本書を作成し、右に各自署名押印する。

平成二十八年五月六日

　　武蔵野市南北町四丁目八番地
　　　　　　　　　　相続人　朝　日　花　子　印

　　武蔵野市南北町四丁目八番地
　　　　　　　　　　相続人　朝　日　一　郎　印

　　武蔵野市南北町四丁目八番地
　　　　　　　　　　相続人　朝　日　次　郎　印

　　三鷹市上下弐丁目五番地
　　　　　　朝日次郎の特別代理人
　　　　　　　　　　　　　　山　野　太　郎　印

　　国分寺市東西町五丁目六番地
　　　　　　　　　　相続人　夏　野　春　子　印

Ⅴ 過去の申告書・届出書・調書等の確認

Q 被相続人が保有していた財産を効率的・効果的に把握するには、どのような方法がありますか。

A

　相続人が確定するといよいよ被相続人の財産の調査を始めますが、その前に直近の相続の有無とあった場合の相続税申告書、被相続人の相続開始前に行った所得税確定申告書、財産債務調書、国外財産調書、相続人が行った贈与税申告書などの確認を行います。

1　被相続人が相続人の一人として行った相続税申告書

　被相続人が亡くなった日から遡って10年以内に相続があり、相続、遺贈又は相続時精算課税による贈与により財産を取得していた場合には、被相続人が相続人として課税された相続税額のうち一定の計算を行った金額について、相次相続控除として被相続人に係る相続税額から控除されます。

　したがって、前回の相続から10年以内であったかどうかを確認し、該当する場合には前回の相続税の申告書の控えを預かります。もし手元にない場合には、相続人から委任状をいただき所轄税務署で写しを入手することになります。

　前回の申告書から、相次相続控除の適用があるかの確認とともに、被相続人が前回の相続により取得した財産がその後どのように変化したのかを可能な限り追跡調査し、相続開始時点までの被相続人の財産形成と変化を確認することによって適正な申告の実現に近づけることになります。

2 被相続人の所得税確定申告書及び決算書

　所得税の確定申告書及び決算書の「減価償却の計算明細書」「貸借対照表（資産負債調べ）」から土地・建物以外の建物附属設備、車両、什器備品及びアスファルト舗装・植栽などの構築物などが確認できます。個人事業者の場合には、後ほど詳しく触れる売掛金等の事業用資産を把握する上で「貸借対照表（資産負債調べ）」が重要です。これらは申告をする上でも欠かすことができません。

　また、確定申告書の生命保険料控除証明書や損害保険料控除証明書なども生命保険金や生命保険に関する権利、損害保険に関する権利などを確認する上での証拠資料となります。相続税申告書に所得税の確定申告書及び決算書を添付します。

3 財産債務調書

　平成27年提出までの財産債務明細書では、「申告書に記載したその年分の総所得金額が2,000万円を超える場合は所有する資産の種類、数量及び価格並びに債務の金額その他必要事項を記載した明細書を申告書の提出の際提出しなければならない」とされていました。

　平成28年の確定申告（27年分）から次の要件を満たす場合には所得税の確定申告書とともに財産債務調書を提出しなければなりません。

① 　その年分の総所得金額が2,000万円超であること
② 　その年12月31日において有する財産の価額の合計額が3億円以上であること、または、同日において有する国外転出をする場合の譲渡所得等の特例の対象資産の価額の合計額が1億円以上であること（アンダーラインは有価証券及びデリバティブ取引等の合計額をいいます。）

　毎年財産債務調書を提出している場合には、その内容も相続税の申告に必要な財産内容を検討する上で重要な資料です。財産債務調書も相続税申告書に添付します。

■図表1-8　財産債務調書

「財産債務調書」

【各財産及び債務共通】
1. それぞれの財産債務を「事業用」と「一般用」に区分し、更に、所在の別に区分します。
2. 所在については、それぞれの財産債務の所在地を記入してください。
   ※ 各財産債務において記載例が示されている場合には、各財産債務の書き方に従って記入してください。
3. 財産の価額については、その年の12月31日における財産の「時価」又は時価に準ずる価額として「見積価額」を記入してください。
4. 一の財産及び債務の区分について複数の財産及び債務を記入する場合には、財産及び債務の区分ごとに価額（小計）をカッコ書きで記入してください。
5. 事業用の財産債務で「未収入金」「その他の財産」「未払金」「その他の債務」に区分される債権又は債務について、件数又は金額が100万円未満のものについては、所在別に区分することなく、その件数及び総額を記入して差し支えありません。
6. 国外財産調書を提出する場合には、国外財産調書に記載した国外財産の価額の合計額及び国外転出特例対象財産の価額の合計額を財産債務調書にも記入してください。

土地
○ 「数量」欄の上段に地所数を、下段に面積を記入してください。

建物
1. 「数量」欄の上段に戸数を、下段に床面積を記入してください。
2. 2以上の区分からなる財産を一括して記入する場合には「備考」欄に一括して記入する財産の区分等を記入してください。

有価証券
1. 上記「各財産及び債務共通」の1に加え、有価証券の種類（株式、公社債、投資信託、特定受益証券発行信託、貸付信託等）及び銘柄の別に区分します。
2. 「種類」欄に有価証券の種類及び銘柄を記入してください。
   なお、株式については、「上場株式」と「非上場株式」に区分して記入してください。
3. 「所在」欄は有価証券の保管等を委託している場合には、金融商品取引業者等の所在地、名称及び支店名を記入してください。
4. 「価額」欄の上段には取得価額を記載してください。

貸付金及び未収入金
○ 「所在」欄は債務者の氏名又は名称及び住所を記入してください。

その他の動産
○ 右記「貴金属類」に準じて記入してください。
※ その他の動産とは、家庭用動産（家具、什器備品や自動車などの動産（現金、書画骨とう、美術工芸品、貴金属類を除きます。））、棚卸資産、減価償却資産をいいます。
※ 貴金属類のうち、いわゆる装身具として用いられるものは、家庭用動産として取り扱って差し支えありません。

借入金及び未払金
○ 「所在」欄は債権者の氏名又は名称及び住所を記入してください。

その他の債務
○ 右記「書画骨とう」に準じて記入してください。
○ 「所在」欄は上記「借入金及び未払金」に準じて記入してください。
※ その他の債務とは、「借入金」「未払金」に当てはまらない債務、例えば、前受金、預り金、保証金、敷金などをいいます。

平成××年

財産債務を有する者	住所又は事業所、事務所、居所など	
	氏名	

財産債務の区分	種類	用途
土地		事業用
建物		事業用
建物		一般用
預貯金	普通預金	事業用／一般用
有価証券	上場株式（B社）	一般用
匿名組合出資		一般用
未決済デリバティブ取引に係る権利	先物取引（○○）	一般用
貸付金		事業用
未収入金		事業用
未収入金		事業用
貴金属類	ダイヤモンド	一般用
その他の動産	家庭用動産	一般用
その他の財産	委託証拠金	一般用
借入金		事業用
未払金		事業用
その他の債務	保証金	事業用

国外財産調書に記載した国外財うち国外転出特例対象

財産の価額の合計額	778,211,915

（摘要）

第1章 相続税申告に向けての準備編

の記載例

12月31日分　財産債務調書

整理番号 0XXXXXXX

（電話）　－　－

所在	数量	上段は有価証券等の取得価額 財産の価額又は債務の金額	備考
東京都千代田区○○1-1-1	1 250㎡	..........円 250,000,000	
東京都港区○○3-3-3	1 500㎡	110,000,000	
東京都品川区○○5-5-5-2501	1 95㎡	89,000,000	土地を含む
建物計		(199,000,000)	
○○銀行△△支店		38,961,915	
△△証券△△支店	5,000株	6,500,000 6,450,000	
東京都港区○○1-1-1 株式会社　B	100口	100,000,000 140,000,000	
××証券××支店	100口	30,000,000 29,000,000	
東京都目黒区○○2-1-1 ○○　△△		3,000,000	
東京都豊島区○○2-1-1 株式会社　C		1,500,000	
その他10件		2,300,000	
未収入金計		(3,800,000)	
東京都品川区○○5-5-5-2501	3個	6,000,000	
東京都品川区○○5-5-5-2501	20個	3,000,000	
××証券××支店		10,000,000	
○○銀行△△支店		20,000,000	
東京都港区○○7-8-9 株式会社　D		1,500,000	
東京都台東区○○2-3-4 株式会社　E		2,000,000	
産の価額の合計額 財産の価額の合計額（34,000,000）円		89,000,000	
債務の金額の合計額		23,500,000	

（1）枚のうち（1）枚目

預貯金
1. 左記「各財産及び債務共通」の1に加え、預貯金の種類（当座預金、普通預金、定期預金等）の別に区分します。
2. 「種類」欄に預貯金の種類を記入してください。
3. 「所在」欄は預貯金を預入している金融機関の所在地、名称及び支店名を記入してください。

匿名組合契約の出資の持分
1. 左記「各財産及び債務共通」の1に加え、匿名組合の別に区分します。
2. 「所在」欄は金融商品取引業者等に取引を委託している場合には、その所在地、名称及び支店名を記載してください。
3. 「価額」欄の上段には取得価額を記入してください。

未決済信用取引等に係る権利及び未決済デリバティブ取引に係る権利
1. 左記「各財産及び債務共通」の1に加え、未決済信用取引に係る権利及び未決済デリバティブ取引に係る権利の種類及び銘柄の別に区分します。
2. 「種類」欄に未決済信用取引に係る権利及び未決済デリバティブ取引に係る権利の種類及び銘柄を記入してください。
3. 「所在」欄は金融商品取引業者等に取引を委託している場合には、その所在地、名称及び支店名を記載してください。
4. 「価額」欄の上段には取得価額を記入してください。

貴金属類
1. 左記「各財産及び債務共通」の1に加え、貴金属の種類（金、白金、ダイヤモンド等）の別に区分します。
2. 「種類」欄に貴金属類の種類を記入してください。
3. 「数量」欄に点数又は重量を記入してください。

書画骨とう及び美術工芸品
1. 上記「各財産及び債務共通」の1に加え、書画骨とうの種類（書画、骨とう、美術工芸品）の別に区分します。
2. 「種類」欄に書画骨とうの種類を記入してください。
3. 「数量」欄に点数を記入してください。

その他の財産
○ 上記「貴金属類」に準じて記入してください。
※ その他の財産とは、上記のどの種類にも当てはまらない財産、例えば、保険契約に関する権利、民法に規定する組合契約その他これに類する契約に基づく出資、信託受益権などをいいます。

「財産の価額の合計額」「債務の金額の合計額」欄
○ 2枚以上の調書を作成、提出する場合でも、「合計額」は1枚目の調書に記入してください。

※ 価額等の記入に当たっては、裏面を参照してください。

■図表1-9　国外財産調書

【各財産共通】
1　それぞれの国外財産を「事業用」と「一般用」に区分し、更に、所在の別に区分します。
2　所在については、それぞれの国外財産の所在地(国名及び住所)を記入してください。
　※　各国外財産において記載例が示されている場合には、各国外財産の書き方に従って記入してください。
3　国外財産の価額については、その年の12月31日における国外財産の「時価」又は時価に準ずる価額として「見積価額」を記入してください。
4　一の国外財産の区分について複数の国外財産を記入する場合には、国外財産の区分ごとに価額(小計)をカッコ書きで記入してください。
5　財産債務調書を提出する場合には、国外財産調書に記載する国外転出特例対象財産(有価証券、匿名組合契約の出資の持分、未決済信用取引等に係る権利及び未決済デリバティブ取引に係る権利)について、価額欄の上段に取得価額を記入してください。

【預貯金】
1　上記「各財産共通」の1に加え、預貯金の種類(当座預金、普通預金、定期預金等)の別に区分します。
2　「種類」欄に預貯金の種類を記入してください。
3　「所在」欄は預貯金を預け入れている金融機関の所在地(国名及び住所)、名称及び支店名を記入してください。

【有価証券】
1　上記「各財産共通」の1に加え、有価証券の種類(株式、公社債、投資信託、特定受益証券発行信託、貸付信託等)及び銘柄の別に区分します。
2　「種類」欄に有価証券の種類及び銘柄を記入してください。
　なお、株式については、「上場株式」と「非上場株式」に区分して記入してください。
3　「所在」欄は有価証券の保管等を委託している場合には、金融商品取引業者等の所在地(国名及び住所)、名称及び支店名を記入してください。
※　国内にある金融機関の営業所等に設けられた口座において管理されている有価証券については、この調書への記入の必要はありません。

【貸付金及び未収入金】
○　「所在」欄は債務者の氏名又は名称並びに国名及び住所を記入してください。

【書画骨とう及び美術工芸品】
1　上記「各財産共通」の1に加え、書画骨とうの種類(書画、骨とう、美術工芸品)の別に区分します。
2　「種類」欄に書画骨とうの種類を記入してください。
3　「数量」欄に点数を記入してください。

【その他の動産】
○　右記「貴金属類」に準じて記入してください。
※　その他の動産とは、家庭用動産(家具、什器備品や自動車などの動産(現金、書画骨とう、美術工芸品、貴金属類を除きます。))、棚卸資産、減価償却資産をいいます。
※　貴金属類のうち、いわゆる装身具として用いられるものは、家庭用動産として取り扱って差し支えありません。

「国外財産調書」

平成××年12月

国外財産を有する者	住所 又は事業所、事務所、居所など	
	氏名	

国外財産の区分	種類	用途	所在 国名
土地		事業用	オーストラリア
建物		事業用	オーストラリア
建物		一般用	アメリカ
預貯金	普通預金	事業用 一般用	オーストラリア
預貯金	普通預金	一般用	アメリカ
預貯金	定期預金	一般用	アメリカ
有価証券	上場株式 (○○securities, Inc.)	一般用	アメリカ
匿名組合出資		一般用	アメリカ
未決済信用取引等に係る権利	信用取引(××)	一般用	オーストラリア
未決済デリバティブ取引に係る権利	先物取引(○○)	一般用	オーストラリア
貸付金		一般用	アメリカ
未収入金		事業用	オーストラリア
書画骨とう	書画	一般用	アメリカ
貴金属類	金	一般用	アメリカ
その他の動産	自動車	一般用	アメリカ
その他の財産	委託証拠金	一般用	アメリカ
合　計			
(摘要)			

第1章 相続税申告に向けての準備編

の記載例

整理番号 0XXXXXXX

31日分　国外財産調書

（電話）　－　－

在	数量	価額	備考
○○州△△XX通り 6000	1 200㎡	円 54,508,000	
○○州△△XX通り 6000	1 150㎡	80,000,000	
△△州○○市XX通り 4440	1 95㎡	77,800,000	土地を含む
建物計		(157,800,000)	
○○州△△XX通り 40 （XX銀行○○支店）		58,951,955	
○○州△△XX通り 123 （○○銀行△△支店）		23,781,989	
○○州△△XX通り 123 （○○銀行△△支店）		5,000,000	
預貯金計		(87,733,944)	
△△州○○市 XX通り 321	10,000株	3,000,000 3,300,000	
△△州××市○○通り 456 （Cxxx D. Exxx）	100口	100,000,000 140,000,000	
△△証券××支店	400口	0 △4,500,000	
△△証券××支店	100口	30,000,000 29,000,000	
△△州○○市 XX通り 10 123号室 （Axxx B. Yxxxx）		15,600,000	
○○州△△XX通り 40 （Bxxx A. Jxxxx）		4,400,000	
△△州○○市 XX通り 4440	2点	2,000,000	
△△州○○市 XX通り 4440	1Kg	5,000,000	
△△州○○市 XX通り 4440	1台	6,000,000	
○○証券○○支店		10,000,000	
額		510,841,944	

○のうち（1）枚目

土地
○ 「数量」欄の上段に地所数を、下段に面積を記入してください。

建物
1 「数量」欄の上段に戸数を、下段に床面積を記入してください。
2 2以上の財産区分からなる財産を一括して記入する場合には「備考」欄に一括して記入する財産の区分等を記入してください。
※ 記載例では、土地付で取得した建物を一括して記入する場合を例示しています。

匿名組合契約の出資の持分
1 左記「各財産共通」の1に加え、匿名組合の別に区分します。
2 「所在」欄は金融商品取引業者等に取引を委託している場合には、その所在地（国名及び住所）、名称及び支店名を記載してください。

未決済信用取引等に係る権利及び未決済デリバティブ取引に係る権利
1 左記「各財産共通」の1に加え、未決済信用取引に係る権利及び未決済デリバティブ取引に係る権利の種類及び銘柄の別に区分します。
2 「種類」欄に未決済信用取引に係る権利及び未決済デリバティブ取引に係る権利の種類及び銘柄を記入してください。
3 「所在」欄は金融商品取引業者等に取引を委託している場合には、その所在地（国名及び住所）、名称及び支店名を記載してください。

貴金属類
1 左記「各財産共通」の1に加え、貴金属の種類（金、白金、ダイヤモンド等）の別に区分します。
2 「種類」欄に貴金属類の種類を記入してください。
3 「数量」欄に点数又は重量を記入してください。

その他の財産
○ 上記「貴金属類」に準じて記入してください。
※ その他の財産とは、上記のどの種類にも当てはまらない財産、例えば、保険契約に関する権利、民法に規定する組合契約その他これに類する契約に基づく出資、信託受益権などをいいます。

「合計額」欄
○ 2枚以上の調書を作成、提出する場合でも、「合計額」は1枚目の調書に記入してください。

※ 国外に存する債務については国外財産調書への記載は不要です。
※ 価額の記入に当たっては、裏面を参照してください。

4 国外財産調書

　その年の12月31日において5,000万円を超える国外財産を有する居住者は、その財産の種類、数量及び価格その他必要な事項を記載した調書を提出しなければならないこととなりました。平成25年末において5,000万円を超える国外財産を有する居住者から平成26年の確定申告時から適用されました。

　毎年国外財産調書を提出している場合には、その内容も相続税の申告に必要な財産内容を検討する上で重要な資料です。国外財産調書も相続税申告書に添付します（28・29頁、図表1−9参照）。

Ⅵ 【相続財産】不動産

■図表1-10　不動産

検討内容	検討済(✓)	検討資料	検討資料（又は写し）の添付
① 未登記不動産はありませんか。	☐	○ 所有不動産を証明するもの（固定資産税評価証明書、登記事項証明書等）	有（　部）・無
② 共有不動産はありませんか。	☐		有（　部）・無
③ 先代名義の不動産はありませんか。	☐		有（　部）・無
④ 他の市区町村に所在する不動産はありませんか。	☐		有（　部）・無
⑤ 日本国外に所在する不動産はありませんか。	☐		有（　部）・無
⑥ 他人の土地の上に存する建物（借地権）及び他人の農地を小作（耕作権）しているものはありませんか。	☐	○ 賃貸借契約書、小作に付されている旨の農業委員会の証明書	有（　部）・無
⑦ 貸付地について、「土地の無償返還に関する届出書」は提出されていませんか。	☐	○ 土地の無償返還に関する届出書	有（　部）・無
⑧ 土地に縄延びはありませんか。	☐	○ 実測図等	有（　部）・無

Q 相続財産のうち、不動産の所在の確認や現地での確認など、その他財産調査を進める上で注意すべきポイントを教えてください。

1　不動産の確認

マイナンバー制度が実施され、将来は不動産の登記事項証明書の所有者にマイナンバーが付される可能性があります。そうなれば全国の被相続人名義の不動産を一括して把握することができるようになる可能性があります。

しかし、現状では相続人から固定資産税納税通知書又は固定資産課税

台帳（名寄帳）の提示を受けることから始めます。これで被相続人がその市町村に所有しているすべての不動産を把握することができます。被相続人の居住地以外の市町村に所在する不動産についても、その市町村から固定資産税納税通知書が送られてきており、これによって把握することができます。評価額が低く、課税最低限以下の評価額の場合には納税通知書が送られてきていないこともあります。このような場合もあるため、相続人にそのようなことがないか確認をしておくことも重要です。

2 未登記物件の把握

原則として未登記の家屋も表示されていますが、時々固定資産課税台帳に記載されていないことがあります。不動産の評価をする際の原理原則である現地調査を相続人と共に行っている過程で、固定資産課税台帳に記載されていない家屋が把握できることがあります。これについても適正に評価して計上する必要があります。申告書には写真、固定資産課税台帳を添付します。

3 先代名義の不動産の把握

被相続人の先代や先々代の名義のままになっていることもあります。固定資産課税台帳から先代以前の名義の不動産を発見することがあります。この場合には、先代、先々代に遡って遺産分割又は遺言書若しくは家督相続によるものかどうかの確認を行い、被相続人の財産となるものかどうかを確定する必要があります。

遺言書がある場合や遺産分割協議が終わっている場合で登記のみが行われていないときは、その不動産を誰が相続等によって取得しているか明らかになっていますので、相続登記を行っていただくようお勧めします。遺産分割協議が整っていない場合には、先代又は先々代の共同相続人の共有状態になっています。共同相続人全員の合意による遺産分割協

議が必要になりますが、実際には協議と手続きに相当時間がかかることが多いといえます。

　そこで、一旦被相続人の法定相続分に相当する共有持ち分を相続財産として申告し、その後遺産分割協議が整った時点で申告金額と遺産分割の結果とが異なるときは、修正申告又は更正の請求を行うことになります。申告書には先代、先々代の相続における遺産分割協議書、固定資産課税台帳を添付します。

４　同族法人の資産として計上されている個人登記不動産

　従前からの関与先の場合にはあり得ませんが、紹介によって相続税申告の委任を税理士が受けるに至った場合には、土地や建物の登記名義人は被相続人であるが、同じ土地・建物が被相続人の同族法人の資産に計上されていることがあります。

　この場合には次のような経緯の調査をして、真の所有者が誰であるかを明らかにする必要があります。

> ①　土地・建物取得のための資金が実際にどこから出ているのか
> ②　借入金による取得の場合には金銭消費貸借契約の名義人
> ③　登記名義人と所有者が異なることとなった事由・経緯
> ④　使用の実態、家賃・地代、固定資産税の支払い実態

　被相続人が銀行から借入れをして取得した土地・建物について、例えば、当初から法人の資産及び債務として計上し、元利金返済は法人の事業収益によって得た資金から支払い、土地建物は法人の社屋・工場などとして使用し、被相続人に対して家賃の支払いをしたことはなく、土地・建物の固定資産税の納付も法人が過去20年に渡って行っていたような場合には、その実態からしてその土地・建物は法人の所有であると判断

すべきでしょう。

　この場合には、土地・建物の登記名義人が被相続人であっても相続財産に計上する必要はないと考えられます。

5　共有不動産の把握

　不動産が共有になっている場合には、固定資産税納税通知書が共有者のうちの代表者にしか送られてきません。固定資産課税台帳も共有物件をそのうちの代表者名でまとめています。代表者以外の共有者が被相続人の場合には、相続人からその共有者が誰であるのかを確認した上で不動産の登記事項証明書を取り寄せて被相続人の共有割合を把握する必要があります。申告書には登記事項証明書を添付します。

6　現地調査

　相続人から預かった固定資産税納税通知書又は固定資産課税台帳（名寄帳）をもとに、住宅地図、法務局備え付けの登記事項証明書、地籍図、地積測量図、公図、市町村の都市計画課（都市開発課、建築指導課など市町村によって呼称が異なります。）での開発要綱、都市計画図、最近はグーグルアースで確認をした上で、現地で路線価図と確認します。実測による方眼紙に落とし込んだ図面を作成して評価しますが、これらは物件ごとに統一した順序で調査官が確認しやすいように整理して相続税申告書に添付します。

　本書では評価の詳細については触れませんが、評価をする上で必要な準備がありますで、これをまとめておきます。

① 　必ず現地写真を撮る。地図上で写真を撮った位置と方向が分かるようにメモしておく

② 　巻き尺やレーザー測量器等で簡易な測量を行う。ただし、法務局

や相続人から地積測量図が確保できた場合には必要がない場合も。相続税の申告は公簿ではなく実測によることが原則である

③　周辺の道路の広さや急に狭くなっていないかどうかの確認、段差がある場合にはその深さ、敷地と道路に石垣や崖などの有無とその高さなどの確認

④　利用形態について、現地で確認を行う必要がある。事業用、居住用、駐車場用地などだが、特に雑種地についてはその境界を含めて詳細に確認しておく必要がある

⑤　方眼紙、デジタルカメラ、レーザー測量器、長靴、帽子などの現地調査七つ道具の準備

7　広大地評価の必要書類

　広大地評価が可能かどうかの判定には、開発想定図の作成が必要になる場合があります。その場合には市町村の都市計画図、開発要綱をもとに開発想定図を作成します。また、状況が類似した地区における過去10年の開発登録簿を確認し、マンション適地に移行しつつある地区かどうかの確認が必要な場合もあります。広大地評価が可能かどうかの判定が必要な場合には、これらの資料も取り寄せて判定の結果を意見書にまとめます。

　<u>都市計画図、開発要綱、開発想定図、開発登録簿、国土交通省地価公示標準地などを申告書に添付</u>します。

8　国外に所在する不動産

　被相続人が海外に不動産を所有していた場合にも、相続税の申告をする必要があります。国によって登記制度のない国も多く、その場合には証明書等によって確認をする必要があります。<u>徴求した書類を申告書に添付</u>します。

9　借地の確認事項

　他人の土地の上に被相続人の建物がある場合、現に地代を支払っていると借地権が発生していることがあります。賃貸借契約書の確認が必要ですが、戦前や戦後すぐの場合などは契約書が現存していないことも珍しくありません。契約書がなければ家屋の建築時期や地代支払い開始時期の確認をします。家屋が未登記の場合には建築時期がわからず契約開始時期を明らかにすることが困難な場合もあります。戦前や戦後すぐの場合には、普通借地契約ですから賃借人に借地権が発生していると考えられます。

　また、被相続人が農地を賃借して賃料を支払って（現物による支払を含みます。）耕作している場合には、農地基本台帳の耕作者欄に小作人等として記載されていると相続財産として耕作権を計上する必要があります。賃貸借契約書、建物登記事項証明書、賃貸確認書、小作に付されている旨の農業委員会の証明書などを申告書に添付します。

10　借地権又は耕作権の目的となっている土地

　借地権の目的となっている土地についても、賃貸借契約書の確認が必要ですが、戦前や戦後すぐの場合などは契約書が現存していない場合があります。

　上記と同様に普通借地の場合には借地権が発生している場合が多く、その場合には借地権を控除した金額で評価することになります。平成4年8月以後は定期借地契約を結んでいる場合も多く、事業用借地契約の場合には登記が契約の成立要件となっており、登記事項証明書で確認できます。もっとも契約内容をしっかり確認しておく必要があります。

　親族間等での土地貸借の場合は、権利金の支払いの有無、地代の収受に関する事実関係などを確認し、借地権の有無の判断を行う必要があります。

また、次のような各種届出書が所轄税務署に提出されていないかどうかの確認が必要です。土地賃貸借契約書、建物登記事項証明書、次の各種届出書等を申告書に添付します。
　①　土地の無償返還に関する届出書
　②　相当の地代の改訂方法に関する届出書
　③　借地権の地位に変更がない旨の申出書
　④　借地権の使用貸借に関する確認書

11　建物賃貸借契約

　建物を賃貸している場合には、建物の評価額から借家権割合を控除し、土地の評価額から貸家建付地割合を控除する必要があります。

　借家権割合及び貸家建付地割合の控除は、原則として相続開始時点で現に賃貸されている建物に対応する部分に限ります。そこで、建物の賃貸借契約書の確認が必要になります。すべての建物賃貸借契約書を申告書に添付します。

【相続財産】事業（農業）用財産

■図表1-11　事業（農業）用財産

検　討　内　容	検討済(✓)	検　討　資　料	検討資料（又は写し）の添付
○ 事業用財産又は農業用財産の計上漏れはありませんか。	□	○ 資産・負債の残高表、所得税青色申告決算書・収支内訳書	有（　部）・無

事業用財産や農業用財産について、財産調査を進める上で注意すべきポイントはありますか。

A ....

□　事業（農業）用財産の確認

被相続人が個人事業を行っていた場合、その事業用の財産を相続財産として計上しなければなりません。

これらは被相続人の事業の総勘定元帳をもとに、現物で確認できるものは現物で確認します。

①　機械、器具、農機具、その他の減価償却資産

機械、器具、農機具、自動車、船舶などの事業用資産についてはその名称と年式、牛馬等についてはその用途と年齢、果樹についてはその樹種と樹齢、営業権についてはその事業の種目と商号などを総勘定元帳、契約書、自動車検査証、及び収支内訳書の減価償却の計算欄から確認します。これらの書類を申告書に添付します。なお、評価額は定率法によって計算しなおす必要がありますので注意が必要です。

②　商品、製品、半製品、原材料、農産物等

商品、製品、半製品、原材料、農産物等については相続開始日現在の

在庫表を作成します。後継者がいて事業を継承していれば、当日に在庫調査をしていなくてもある程度の正確な在庫表を作成できますが、事業を承継する人がいない場合には、いずれかの相続人ができるだけ早い時期に調査する必要があります。在庫明細書を申告書に添付します。

③　売掛金

総勘定元帳及び売掛帳を基に相続開始日の売掛金残高表を作成し、申告書に添付します。

④　その他の財産

電話加入権、受取手形、その他その財産の名称を記入した一覧表を作成します。なお、電話加入権はその加入局電話番号を記入します。資産・負債の残高表、所得税青色申告決算書、収支内訳書などとともに申告書に添付します。

■ 図表1-12 減価償却費の計算（青色決算書）

○減価償却費の計算

減価償却資産の名称等（繰延資産を含む）	面積又は数量	取得年月	イ 取得価額（償却保証額）	ロ 償却の基礎になる金額	償却方法	耐用年数	ハ 償却率又は改定償却率	ニ 本年中の償却期間	ホ 本年分の普通償却費（ロ×ハ×ニ）	へ 割増（特別）償却費	ト 本年分の償却費合計（ホ＋へ）	チ 事業専用割合	リ 本年分の必要経費算入額（ト×チ）	ヌ 未償却残高（期末残高）	摘要
木造建物（店舗兼住宅）	43㎡	18・7	6,000,000	5,400,000	旧定額	22	0.046	12/12	248,400	—	248,400	100%	248,400	3,640,200	
〃 シャッター		27・9	600,000 600,000	600,000	定額	22	0.046	4/12	9,200	—	9,200	100	9,200	590,800	均等償去P
ライトバン	1台	19・1	25,000 500,000	25,000	—	—	—	12/12	5,000	—	5,000	100	5,000	15,000	
陳列棚	1台	19・3	240,000	25,361	旧定率	8	0.250	12/12	6,341	—	6,341	100	6,341	19,020	
レジスター	1台	27・7	390,000 42,120	390,000	定率	5	0.400	6/12	78,000	—	78,000	100	78,000	312,000	
アーケード負担金	2.5・1		250,000	250,000	—	5	0.200	12/12	50,000	—	50,000	100	50,000	100,000	
一括償却資産		27・	180,000	180,000	—	—	1/3	12/12	60,000	—	60,000	100	60,000	120,000	
営業権譲受	1	27・	合計990,000	（中略非計上分）				12/12					900,000	—	借宅28㎡
								12/12							
								12/12							
計									456,941		456,941		1,436,941	4,997,020	

（注）平成19年4月1日以後に取得した減価償却資産について定率法を採用する場合はロの欄のカッコ内に償却保証額を記入します。

○利子割引料の内訳（金融機関を除く）

支払先の住所・氏名	期末現在の借入金等の金額	本年中の借入利子割引料	左のうち必要経費算入額
	円	円	円

○税理士・弁護士等の報酬・料金の内訳

支払先の住所・氏名	本年中の報酬等の金額	左のうち必要経費算入額
	円	円

○地代家賃の内訳

支払先の住所・氏名	貸借物件名	本年中の賃借料・権利金等	左の賃借料のうち必要経費算入額
○○市△△町×-×× ○○ ○○	土地	権 更 賃 240,000	円 120,000

○本年中における特殊事情

所得税及び復興特別所得税の源泉徴収税額
円

第1章 相続税申告に向けての準備編

■図表1-13 貸借対照表（青色申告決算書・資産負債調べ）

貸借対照表（資産負債調）
（平成27年12月31日現在）

資産の部			負債・資本の部		
科目	1月1日（期首）	12月31日（期末）	科目	1月1日（期首）	12月31日（期末）
現金	292,300	303,092	支払手形		
当座預金	576,000	1,183,000	買掛金	1,672,000	2,034,000
定期預金	1,463,400	1,825,500	借入金	2,283,000	2,290,000
その他の預金	98,000	133,000	未払金	238,000	246,000
受取手形			前受金		
売掛金	1,192,000	1,348,000	預り金	3,080	24,202
有価証券					
棚卸資産	3,705,000	3,814,000	貸倒引当金	64,460	74,140
前払金					
貸付金					
建物	3,888,600	4,231,000			
建物附属設備					
機械装置	20,000	15,000			
車両運搬具	25,361	451,020			
工具 器具 備品	150,000	100,000			
土地			事業主借		
			元入金		544,450
繰延資産			青色申告特別控除前の所得金額	7,130,121	4,119,379
			小計	11,390,661	16,458,292
事業主貸		2,996,000			
合計	11,390,661	16,458,292	合計	11,390,661	16,458,292

(注) 「元入金」は、「期首の資産の総額」から「期首の負債の総額」を差し引いて計算します。

● 65万円の青色申告特別控除を受ける人以外で、記入できる欄があるだけ記入してください。
（平成二十五年分以降用）

製造原価の計算
（原価計算を行っていない人は、記入する必要はありません。）

科目	金額
原材料 期首原材料棚卸高 ①	
原材料仕入高 ②	
小計 (①+②) ③	
期末原材料棚卸高 ④	
差引原材料費 (③-④) ⑤	
労務費 ⑥	
外注工賃 ⑦	
電力費 ⑧	
その他の製造経費 水道光熱費 ⑨	
修繕費 ⑩	
減価償却費 ⑪	
⑫	
⑬	
⑭	
⑮	
⑯	
⑰	
⑱	
⑲	
⑳	
雑費 ㉑	
計	
総製造費 (⑤+⑥+㉑) ㉒	
期首半製品・仕掛品棚卸高 ㉓	
小計 (㉒+㉓) ㉔	
期末半製品・仕掛品棚卸高 ㉕	
製品製造原価 (㉔-㉕)	

(注) ㉖欄の金額は、1ページの「損益計算書」の⑧欄に移記してください。

VIII 【相続財産】有価証券

■図表1-14　有価証券

検討内容	検討済(✓)	検討資料	検討資料(又は写し)の添付
① 株式・出資・公社債・貸付信託・証券投資信託の受益証券等の計上漏れはありませんか。	□	○ 証券、株券、通帳又はその預り証	有（　部）・無
② 名義は異なるが、被相続人に帰属するものはありませんか（無記名の有価証券も含みます。）。	□	○ 証券、株券又はその預り証	有（　部）・無
③ 増資等による株式の増加分や端株についての計上漏れはありませんか。	□	○ 配当金支払通知書（保有株数表示）	有（　部）・無
④ 株式の割当を受ける権利、配当期待権はありませんか。	□	○ 評価明細書等	有（　部）・無
⑤ 日本国外の有価証券はありませんか。	□		有（　部）・無

 有価証券について、財産調査を進める上で注意すべきポイントはありますか。

A

1　上場株式等

　被相続人が取引証券会社等で取引があったかどうかの確認は、通常配当金支払通知者や証券会社等から送られてくる口座残高報告書などで行います。銀行等で取引している口座を通じて証券会社との資金の授受を行っている場合にはその記録が残っている場合もありますのでこれも参考になります。しかし、すべての取引をしていた証券会社等の記録が残っているかどうか不明な場合もあります。

通称「ほふり」と呼ばれる株式会社証券保管振替機構は、証券会社に口座を開設している加入者の情報を「加入者情報登録簿」に登録し、この加入者情報登録簿に登録した情報を発行会社に通知しています。

相続人が「ほふり」に対して「登録済加入者情報開示請求書」に必要事項を記載し、一定の書類を添付して加入者情報登録簿に登録した情報を請求することができます。これによって口座を開設している証券会社等の名称などが明らかになりますので、証券会社等に対して特定口座年間取引報告書や取引残高証明書を請求することによって上場株式等の残高の確認ができます。

2 単元未満株式等の確認

「ほふり」に預託していない株券を株主の権利保全のため、発行会社が信託銀行などの金融機関に特別口座を開設し、単元未満株券についても記録管理しています。発行会社ごとに違う金融機関に設定されている（株主名簿管理人）ため、被相続人の特別口座の残高を確認しただけでは申告漏れを起こす恐れがあります。

相続人から被相続人のすべての配当金支払報告書を確認できればいいのですが、漏れている可能性がありますので、上記で調べた上場株式等の銘柄ごとに、株主名簿管理人に対して株式の残高証明書、異動証明書、単元未満株式の残高証明書を依頼することが可能です。上場株式等の銘柄ごとの株主名簿管理人は会社四季報などで確認できます。また、いまだに株券を現物で保有しておられる方もおられますので、その確認も必要です。

このようにして確認した上で、申告書には証券、株券、通帳又はその預かり証、配当金支払通知書、証券会社の取引残高証明書や特定口座年間取引報告書の写し等を添付します。

3 非上場株式等

■図表1-15 非上場株式等

検 討 内 容	検討済(✓)	検 討 資 料	検討資料（又は写し）の添付
① 貸借対照表に計上されていない借地権はありませんか。	□	○ 土地の賃貸借契約書	有（　部）・無
② 機械等に係る割増償却額を修正していますか。	□		有（　部）・無
③ 法人の受取生命保険金及び生命保険の権利の評価を資産計上していますか。	□		有（　部）・無
④ 財産的価値のない繰延資産を資産計上していませんか。	□		有（　部）・無
⑤ 準備金、引当金（平成14年改正法人税法附則第8条第2項及び第3項適用後の退職給与引当金を除きます。）を負債計上していませんか。	□	○ 法人税の確定申告書（控） ○ 取引相場のない株式の評価明細書	有（　部）・無
⑥ 死亡退職金を負債計上していますか。	□		有（　部）・無
⑦ 受取生命保険金の保険差益について、課される法人税額等を負債計上していますか。	□		有（　部）・無
⑧ 未納公租公課を負債計上していますか。	□	○ 納税通知書	有（　部）・無
⑨ 3年以内に取得した土地建物等は、「通常の取引価額」で計上していますか。	□	○ 不動産売買契約書、登記事項証明書	有（　部）・無

(1) 会社の株主の確定

　会社から株主原簿を提出してもらい、被相続人が亡くなった日現在の株主を確定します。株主原簿がない場合には法人税申告書の別表2を確認することになります。これらが株主の異動のたびに正しく改訂されていないことがあります。また、平成2年の商法改正前の株式会社設立には発起人が7人必要であったため、名前だけ株主で実際には創業者が全額拠出していた例も珍しくありません。これらを調査し、被相続人が亡

(2) 過去3期分の法人税申告書・貸借対照表及び損益計算書

　純資産価額及び類似業種比準価額の計算をするためには会社の過去3期分の法人税申告書（別表をすべて）、勘定科目内訳書、貸借対照表及び損益計算書が必要です。株式評価方法の決定のためには直前期末1年間における役員を除く従業員数を確認しておかなければなりません。

■図表1-16　名義株式であることの確認書

　○○株式会社　御中

　株主として記載のある私名義の貴社株式は、○○○○氏の依頼により名義を貸したことによるものです。私は会社設立に当たり、金銭の拠出は一切しておりません。名義を貸したに過ぎず、○○○○氏との間に贈与、譲渡があった事実もなく、真の株主は○○○○氏であることを確認する旨、本日確認書を差し入れます。

　○年○月○日

　　　　　　　　　　　　　　　　　住所
　　　　　　　　　　　　　　　　　氏名　　　　　㊞

---

(3) 類似業種比準価額の算定に必要な株主資本等変動計算書等

　類似業種比準価額の算定に必要な「1年当たりの年配当金額」を確認するために過去3年間の株主資本等変動計算書等が必要となります。

(4) 土地、建物の固定資産台帳

　土地・建物については、その利用形態ごとに財産評価基本通達に従って計算して評価することになりますが、**Ⅵ【相続財産】不動産の3〜10**

に書いたような内容を調査し、判定して評価しなければなりません。被相続人所有地の上に会社が建物を保有している場合、借地権が発生しており、被相続人所有地の評価上借地権を控除している場合には、借地権相当額を法人の資産に計上する必要があります。「土地の無償返還に関する届出書」を提出していて被相続人所有の土地の上に会社の建物があり、被相続人所有地の評価上20％を控除している場合には、会社の株式評価上控除した20％の評価分を財産として計上する必要があります。

被相続人が亡くなった日から遡って3年以内に会社が取得した土地・建物については、財産評価基本通達による評価額ではなく「通常の取引価額」で計上しなければなりません。

会社が固定資産台帳を作成していないことも多く、その場合には固定資産税納税通知書又は固定資産課税台帳及び登記事項証明書によって確認し、申告書に添付することになります。また、3年内に取得した土地建物等がある場合には不動産売買契約書も添付します。

(5) **生命保険契約の内容確認**

会社が役員や従業員を被保険者として様々な保険契約をしている場合があります。この場合、会社からすべての生命保険証書を預かり、その内容を詳細に確認して生命保険に関する権利の評価をしなければなりません。また、被相続人の死亡により会社が生命保険金を受取る生命保険契約の場合には、その生命保険請求権（未収保険金）の金額を財産として計上します。受取生命保険金から退職金控除後の保険差益には、法人税が課されますので、法人税額等相当額を負債の部に計上しなければなりません。生命保険金支払通知書や会社契約の生命保険証書などは取引相場のない株式の評価の関連資料として申告書に添付します。

(6) **関連会社株式等**

関連会社株式等がある場合には、取引相場のない株式等として評価します。評価にあたっては純資産価額の評価を行う場合には、評価差額に

対する法人税額等相当額は控除しないで計算することになります。

(7) その他の財産

ゴルフ会員権は取引相場のあるものとないものがあり、また、預託金等がある場合とない場合があり、会員権や会員証を確認し、ゴルフ会員権取引業者にも問い合わせるなどしてこれらを申告書に添付します。

電話加入権、敷金、出資金その他の財産性のある資産を評価します。不動産賃貸契約書の写しや出資金の証書などを添付します。

(8) 死亡退職金

被相続人に対して死亡退職金を相続人その他の者に支給することが確定した場合には、確定した退職手当金、功労金その他これらに準ずる給与の金額を負債として計上します。

死亡退職金を支給するための臨時株主総会及び臨時取締役会の議事録、並びに役員退職金規程を申告書に添付します。

4 名義が異なるが被相続人に帰属する有価証券の判定

被相続人が証券会社と取引をしている過程で配偶者などの親族名義で口座を開設し、名義を使用されている親族がその事実を全く知らない場合があります。

いわゆる名義口座で有価証券の売買取引を行っており、実質は被相続人の財産である場合にはその名義口座の有価証券は被相続人の財産として申告します。

同じ証券会社で相続人を含む親族が独自に取引をしていることもあります。相続人固有の財産はもちろん被相続人の財産として申告する必要はありません。しかし、被相続人の取引口座からまとまった資金が相続人の口座に移転していた事実が確認できたような場合、その時点で贈与があったのか、一旦資金の融通を受けていたがその後返済したのか、その口座自体が被相続人の財産であったのかなどを確認し、判定しなけれ

ばなりません。

　そのために、被相続人の証券会社等の過去7年間の取引記録簿を取り寄せます。相続人を含む親族が独自に取引をしている口座がある場合にはその口座の7年間の取引記録簿を取り寄せます。それぞれの入出金記録簿を作成し、被相続人の取引口座からまとまった資金が相続人の口座へ移動がないかの確認をする必要があります。

　相続税申告書には被相続人が亡くなった日現在の相続人及び被相続人の有価証券残高一覧表、被相続人及び相続人の証券会社等の過去7年間の取引口座記録簿、それぞれの入出金記録簿を添付します。

5　日本国外の有価証券

　被相続人が在職中に海外赴任をしていたような場合には、日本国外に有価証券を保有していることがあります。

　被相続人の経歴の確認の過程でそのようなことが明らかになった場合には、相続人等に質問し、海外に有価証券を保有していないかを確認する必要があります。

Ⅸ 【相続財産】現金・預貯金

■図表1-17 現金・預貯金

検　討　内　容	検討済(✓)	検　討　資　料	検討資料(又は写し)の添付
① 相続開始日現在の残高で計上していますか。 （現金の残高も確認しましたか。）	□		有（　部）・無
② 郵便貯金も計上していますか。	□	○ 預貯金・金銭信託等の残高証明書、預貯金通帳等	有（　部）・無
③ 名義は異なるが、被相続人に帰属するものはありませんか（無記名の預金も含みます）。	□		有（　部）・無
④ 日本国外の預貯金はありませんか。	□		有（　部）・無
⑤ 既経過利息の計算は行っていますか。利息は、相続開始日に解約するとした場合の利率で計算し、その額から源泉所得税相当額を控除します。	□		有（　部）・無

Q 現金・預貯金について、財産調査を進める上で注意すべきポイントはありますか。

1 預貯金残高証明書と預貯金通帳等

　被相続人が亡くなった日現在の預貯金等の残高を確認しなければなりません。

　被相続人が取引していた各金融機関に対して預貯金・金銭信託等の残高証明書の発行を依頼していただきます。個人で毎日現金出納帳を付けている方もおられますが、ほとんどの方はそのような記録がありません。概算額でいいのですが、亡くなった日現在の現金残高も確認する必要があります。

そこで必要になるのが預貯金通帳です。高齢で亡くなった方や医者から寿命を宣告されておられた方の場合には、亡くなる前に葬式費用等として預貯金を引き出しておられる場合もあります。亡くなった日現在ではその現金は残っていますので、その金額を現金として計上する必要があります。

2 過去7年分の預貯金がわかる記録

被相続人のすべての預貯金の通帳が7年分残っているといいのですが、残っていない場合のほうが多いのが実情です。

残っていない場合には金融機関等に対して被相続人の過去7年間の取引口座記録簿の開示請求をします。金融機関によっては手数料が多額にかかる場合もありますが、これは必要なものですので、費用を負担していただきます。

相続税の税務調査においては、被相続人の過去7年分、大口の金融資産保有者の場合には過去10年分の金融資産の資金移動とその使途の調査が行われることが多いようです。相続又は遺贈により財産を取得した者に対する相続開始前3年内の贈与財産の相続税の課税価格への加算（相法19条）の確認、贈与の申告漏れの確認、資金を移動した後も被相続人がその管理・収益授受を行っているような名義預金の有無の確認等あるいは大口出金の使途の確認等を行うためです。

相続税の申告業務を行うに当たっては、同様の作業を行うことにより、これらについて当初申告を適正に行うことが可能になります。また、被相続人の生活費の額や生命保険の掛金、小規模企業共済掛金、損害保険掛金、大きな出金の有無などが明らかになります。これらの情報から死亡保険金、生命保険契約に関する権利などの財産として計上しなければならない財産のもれがないかを確認できます。

家の大規模な増改築を行っている場合には、これを修繕費と資産計上

すべきものと区分して資産計上しなければなりません。孫の結婚式の費用を負担している場合には、戸主として被相続人が負担すべきものか、扶養義務者相互間において負担すべきものか、贈与税の課税対象とすべきものかの判断が必要となります。1,000万円を超えるような金額の入金があり、その当日又は数日後に1,000万円とか300万円とか区切りの良い大きな金額が出金されている場合には、定期預金にされたのか、子や孫の名前で定期預金とされていないかなどの確認をします。

　預貯金入出金確認表には、通帳などからその入出金の具体的内容が分かるものは当初から記入しておき、不明なものは作成した預貯金入出金確認表をもとに相続人から聞き取り調査します。

　最初に聞いた時にはよく分からないと言っていても、次回に訪問したときには思い出していることもよくあります。これが事前に預貯金入出金確認表を作成する効果で、税務調査の当日には聞かれてもしどろもどろになってそれが調査官の印象を悪くするといったこともあり得ます。どうしても思い出せない、あるいは被相続人しかわからないので数百万円単位で使途が不明であることもあります。この場合には、出金した日の当日及びその後の日に相続人やその他の親族に移転していないかどうかの確認を行います。移転していればその事実を、移転事実が確認できなく、相続人に確認してもわからない場合には、使途の欄に不明と記入します。

③　親族の被相続人相続開始日の金融資産一覧表の作成

　相続人や孫などの金融資産残高が、その人の収入や保有資産の状況から異常に多いと、被相続人の財産が含まれている可能性があります。

　そこで、被相続人の相続開始日におけるこれらの人の金融資産残高一覧表を作成します。金融資産の合計額が、過去の収入から支出を差し引いた金額から類推して求めた金額とほぼ同じであれば問題ありません。

しかし、15歳の孫の金融資産合計が5,000万円を超えているような場合は、孫名義の収益物件からの不動産所得があったり、10年間600万円の贈与を受け、贈与税の申告をした結果であったりすればいいのですが、そうではないときは形成の経緯とその金融資産の保有状況及び果実の取得者が問題となります。金融資産残高一覧表作成には、まずは相続人及びその家族に記入用紙を交付し、それぞれ自らが記入するようにしていただきます。これを清書するのは良いのですが、聞き取りして税理士が自ら作成することは厳に慎まなければなりません。

　金融資産残高一覧表は、金融機関の支店名、普通預金、定期預金等の種類、口座番号、残高、開設者、名義人、印鑑、口座開設者、形成経緯を記入します。これをもとに被相続人及び親族の相続開始日の金融資産残高一覧表を作成することによって被相続人の金融資産が異常に少なく、相続人やその配偶者、孫などの預貯金等の金融資産残高が異常に多い場合には、その内容について詳細に検討しなければなりません。

　「被相続人の預貯金入出金確認表」から大きな金額の不明な点がなく、「被相続人及び親族の相続開始日の金融資産残高一覧表」からも検討すべき点がなければ必要ないのですが、これらの点から不明点が多く出てきた場合には、「被相続人の過去10年の概算推定収入・支出残高推移表」を作成します。ただし、高額所得者や金融資産の金額が多額に上る被相続人の場合には、不明点がなくても「被相続人の過去10年の概算推定収入・支出残高推移表」を作成しておく必要があるでしょう。

　収入および支出は過去の確定申告書、預貯金入出金確認表、その他の資料及び相続人からの聞き取りによって記入します。これによって過去10年分の収支の理論値がわかります。被相続人の10年前の預貯金残高に収支理論値の増加額または減少額を加算又は減算すると理論値の相続開始日の預貯金残高となります。実際の相続開始日の預貯金残高を確認し、理論値よりも実際の残高のほうが大幅に少ない場合には、その原因

を究明しておくことが必要です。

　被相続人は証券投資が趣味で投資による損失が多額に生じていた場合や宗教活動のために多額の寄付をしていた場合、時々認知症が発症していて第三者にお金をあげていた例など、様々な理由により、明確な証拠がないまま原因究明をできないこともあります。このような場合には、相続人からの供述を残しておくことになります。

④　名義預金と判定されるものは被相続人の財産として申告

　このようにして事実関係を整理し、相続人からの聴き取りも行い、名義は親族のものであるが事実は被相続人の財産であると判明したものは被相続人の財産として計上することになります。もちろん、明確に7年より前に贈与されたことが法的に確定しているものは、その親族の財産ですから被相続人の財産ではありません。

　これらの資料を相続税申告にあたっては添付することになります。預金通帳の写し、預貯金入出金確認表、被相続人及び親族の相続開始日の金融残高一覧表、相続人預貯金内訳表、などです。

⑤　既経過利息の計上

　相続開始日に解約したとしした場合の利率で既経過利息を計算し、その額から源泉所得税相当額を控除した金額を財産として計上します。相続税の申告書に既経過利息計算書を添付します。

【相続財産】家庭用財産

■図表1-18　家庭用財産

検　討　内　容	検討済(✓)	検　討　資　料	検討資料(又は写し)の添付
○ 家庭用財産の計上漏れはありませんか。	□		有（　部）・無

Q 家庭用財産について、財産調査を進める上で注意すべきポイントはありますか。

A

　家庭用財産

　テレビ、ビデオ、オーディオセット、応接セット、洗濯機、掃除機、ふとん、ベッドその他の家庭用財産については、それぞれの財産評価額を算定し、計上しなければなりません。

　しかし、これらはよほどの新品や骨董的価値がない限り評価すべき価格が付きません。とはいえ、歴史のある資産家の場合にはそれぞれの評価をすると100万円を超えるような評価額になる場合もありますので、その場合には家庭用財産としてのリストを作成し、その価格を算定します。一般的なサラリーマン家庭の場合には、合計しても数十万円ということもあるでしょう。

　相続税申告書には、家庭用財産として「家具等一式」としてその総額を記載し、これを相続によって取得したものの名前を記載し、家庭用財産リスト・評価一覧表を添付します。

XI 【相続財産】生命保険金・退職手当金等

■図表1-19　生命保険金・退職手当金等

検　討　内　容	検討済(✓)	検　討　資　料	検討資料（又は写し）の添付
① 生命保険金の計上漏れはありませんか。	□	○ 保険証券、支払保険料計算書、所得税及び復興特別所得税の確定申告書（控）等	有（　部）・無
② 生命保険契約に関する権利の計上漏れはありませんか。	□		有（　部）・無
③ 契約者が家族名義などで、被相続人が保険料を負担していた生命保険契約はありませんか。	□		有（　部）・無
④ 退職手当金の計上漏れはありませんか。	□	○ 退職金の支払調書、取締役会議事録等	有（　部）・無
⑤ 弔慰金、花輪代、葬祭料等の支給を受けていませんか（退職手当金等に該当するものはありませんか。）。	□		有（　部）・無

Q 生命保険金・退職手当金等について、財産調査を進める上で注意すべきポイントはありますか。

A

1　生命保険金

　被相続人が被保険者で、保険料を被相続人が負担していて、被相続人が死亡したことによって相続人が死亡保険金を取得したときには、民法では生命保険金は受け取った相続人等のものですが、税法上は「みなし相続財産」として相続税の課税対象となります。

　生命保険金の受取りの手続きをする際に、手続きの書類とともに生命保険証書を提出するため、相続税申告の際に生命保険証書が残っていないことが多いのですが、手続きの際に生命保険証書のコピーをしておく

とよいでしょう。

　生命保険証書のコピーがなくても生命保険金の支払いの際に支払保険料計算書が生命保険会社から届いていますので、支払保険料計算書によって確認することもできます。相続人等の銀行や証券会社の口座などに振り込まれていますので、通帳で確認しておくことも必要です。

　相続税の申告書には、<u>生命保険証書のコピー、支払保険料計算書及び振り込まれた金融機関の預貯金通帳の写し</u>を添付します。

2 生命保険契約に関する権利

　被相続人が契約者となり被保険者を相続人等、保険金受取人を相続人等とし、保険料を被相続人が負担していた保険契約については、相続開始時点における解約返戻金相当額が生命保険契約に関する権利として被相続人のみなし相続財産となります。

　同様の生命保険契約について、ある時点まで被相続人が保険料を負担し、ある時点で契約者及び今後の保険料負担者を相続人等に変更していたときには、相続開始時点の解約返戻金のうち、既払い保険料総額に占める被相続人の負担した保険料の割合に相当する金額はみなし相続財産となります。

　かなり以前の契約者変更の場合には相続人自身にその認識がないこともありますので、相続人全員の保険証書の裏書等の確認が必要です。

3 契約者等が家族などの生命保険契約

　契約者、被保険者が相続人で、保険金受取人が相続人の配偶者や子になっている生命保険契約であっても、保険料の支払いを一時払い又は月払いや年払いで被相続人が負担している場合もあります。生命保険証書を確認しても保険料負担者名までは記載されていません。保険料の支払いの事実確認が必要となります。

そこで、相続人が契約者となっているすべての生命保険契約についても生命保険証書又はその写しを預かり、被相続人の預貯金入出金表から、被相続人が資金を負担していた生命保険契約がなかったかを確認します。これらのうち被相続人が保険料を負担していた生命保険契約があった場合には、相続税の申告書に相続人に係るその生命保険証書を添付します。

4 退職手当金

被相続人の死亡に伴って相続人等に対して支給された会社等からの死亡退職金は、本来は支給を受けた相続人等の財産です。しかし、相続税においては「みなし相続財産」として相続税の課税対象とされています。

会社等から受取人の預貯金口座に直接振り込まれていますので、その確認と会社等からの支払いする旨の通知書等を確認します。

相続税の申告書には会社からの通知書、振り込まれた預貯金口座のコピー、退職金の支払調書、取締役会議事録等を添付します。

5 弔慰金、花輪代、葬祭料等

会社等から弔慰金、花輪代、葬祭料等を受け取っている場合には、会社からの通知書や会社に対して交付した領収書のコピーなどで確認します。これらの中には非課税となるものや退職金となるもの等がありますが、適正な判断をするためにも書類で事実確認をしっかりと行う必要があります。

相続税申告書には、通知書、領収書コピーなどを添付します。

弔慰金等は、実質的に死亡退職金等となる場合を除き、次のように計算した金額までは非課税となり、それを超える部分の金額は死亡退職金等として取り扱います。

| ① | 業務上の死亡である場合 | 死亡時における普通給与の3年分相当額 |
| ② | 業務上の死亡でない場合 | 死亡時における普通給与の6か月分相当額 |

　業務上の死亡とは、直接業務に起因する死亡、または業務と因果関係があると認められる死亡をいいます。

XII 【相続財産】立　木

■図表1-20　立　木

検　討　内　容	検討済(✓)	検　討　資　料	検討資料(又は写し)の添付
○　樹種、樹齢等は確認されていますか。	□	○　立木証明書、森林経営計画書、森林簿、森林組合等の精通者意見など	有（　部）・無

Q 立木について、財産調査を進める上で注意すべきポイントはありますか。

A

□　立　木

　財産の中に山林があると、ヒノキ、杉などの財産価値のある立木が含まれていることがあります。

　最近は人の手が入っていないため財産価値があっても非常に低いこともありますが、現地の森林組合に問い合わせて立木の有無を確認し、立木がある場合には、森林組合等の精通者意見による評価を行う必要があります。

　立木証明書、森林経営計画書、森林簿、森林組合等の精通者意見などを相続税の申告書に添付します。

XIII 【相続財産】その他の財産

■図表1-21　その他の財産

検討内容	検討済(✓)	検討資料	検討資料（又は写し）の添付
① 貸付金、前払金等はありませんか。	□	○ 法人税の確定申告書（控）、借用証等	有（　部）・無
② 庭園設備はありませんか。	□		有（　部）・無
③ 自動車、ヨット等はありませんか。	□	○ 現物の確認（最近取得している場合は、取得価額の分かる書類）	有（　部）・無
④ 貴金属（金地金等）、書画、骨とう等はありませんか。	□		有（　部）・無
⑤ ゴルフ会員権やレジャークラブ会員権等の計上漏れはありませんか。	□	○ 会員証（券）	有（　部）・無
⑥ 未収給与、未収地代・家賃等はありませんか。	□	○ 賃貸借契約書、通帳、領収書（控）	有（　部）・無
⑦ 未収配当金の計上漏れはありませんか。	□		有（　部）・無
⑧ 電話加入権の計上漏れはありませんか。	□		有（　部）・無
⑨ 特許権、著作権、営業権等はありませんか。	□	○ 評価明細書	有（　部）・無
⑩ 未収穫の農産物等はありませんか。	□	○ 総勘定元帳、決算書	有（　部）・無
⑪ 所得税及び復興特別所得税の準確定申告の還付金はありませんか。	□	○ 所得税及び復興特別所得税の準確定申告書（控）	有（　部）・無

Q その他の財産に含まれるものについて、財産調査を進める上で注意すべきポイントはありますか。

1 貸付金・前払金等

　同族会社の経営者若しくは経営者の親族であった場合には、被相続人が同族会社に対して資金を貸付けている場合があります。また、被

相続人の親族に対して資金を貸付けている場合もあります。このような場合には貸付債権は相続財産となりますので、その確認を行う必要があります。

同族会社に対する貸付金・前払金等の場合、そのつど借用書や金銭消費貸借契約書を作成していないこともよくあります。法人税の確定申告書に添付されている決算書や勘定科目内訳書、会社の総勘定元帳などによって確認します。

親族や第三者に対する貸付金の場合には、借用書や金銭消費貸借契約書で確認します。これらがなく、貸付けた時点の資金を出金した通帳が残っていればいいのですが、残っていない場合にはその確認のため再度借用書又は金銭消費貸借契約書を作成することが必要な場合もあります。相続税の申告書には、法人税確定申告書、決算書、勘定科目内訳書又は総勘定元帳の該当部分、借用書、金銭消費貸借契約書などを添付します。

2 庭園設備

最近庭園設備を造作したような場合には、その資金の支払いがありますので、見積書や請求書と預貯金入出金表によって確認します。

この場合、現地の庭園設備の写真を撮っておきます。古くに造作されたものの場合、精通者意見を求めて財産評価が必要かどうかを確認しなければなりません。相続税申告書には見積書、請求書、写真、精通者意見書などを添付します。

3 自動車・ヨット等

自動車については、自動車登録証で所有者を確認の上必要な評価を行います。

被相続人以外の名義のものであっても、購入資金が被相続人から出て

いる場合には、贈与税の申告がなされているなど、贈与の事実が立証されない限りは、被相続人の自動車として適正に評価します。ヨットが趣味である場合には、ヨットを所有している可能性がありますので、自動車と同様の確認をします。相続税の申告書には購入契約書、登録証、写真などを添付します。

④ 貴金属（金地金等）、書画、骨とう等

貴金属（金地金等）、絵画、書画、陶磁器、骨とう等についても、相続開始7年以内に購入したような場合には、購入した際の納品書等を基に取得価額を確認します。

これらについては、個人事業の棚卸資産でない限り、書画骨とう品の価額は売買実例価額、精通者意見価格等を参酌して評価することとされており、精通者意見による評価が必要な場合にはその依頼を行います。実物を写真に撮り、リストを作成した上で取得価額と精通者意見価額を書いた一覧表を作成します。

⑤ ゴルフ会員権やレジャークラブ会員権等

ゴルフ会員権やレジャークラブ会員権等は会員証、会員券、預託金預かり証等の有無を確認します。

年会費を支払っている場合には通常預貯金口座から引き落とされていますので、被相続人の預貯金入手金表で確認することができます。最近は年会費を必要としないゴルフ会員権もあるため、被相続人が頻繁に同じゴルフ場に通っていたような場合には、そのゴルフ場に問い合わせることが必要でしょう。ゴルフ会員権の評価はその内容によって異なるため、取引相場の有無、株式又は預託金等が直ちに返還を受けられるものか否かなどゴルフクラブの規約等を確認しなければなりません。相続税の申告書には会員証、会員券、預託金預かり証などを

添付します。

6　未収給与、未収地代・家賃等

　未収給与、未収地代・家賃等、被相続人が亡くなった日において受け取る権利を有していたものについて、確認しなければなりません。

　これらは、被相続人が本来受け取るべきものですから被相続人の財産です。

　給与については、配偶者等に会社等から書類が届いた上で手続きをして指定した口座に振り込まれることが多く、その書類と相続人等の振り込まれた預貯金を見せてもらって確認します。

　未収地代・家賃については、賃貸借契約書の約定をもとに、死亡した日において未収金があるかどうかを確認します。ある程度長期にわたって未収となっている場合も、債権放棄の手続きをしていない限りは未収入金として相続財産に計上する必要があります。

　会社等からの書類、賃貸借契約書、通帳、領収書（控）などを相続税申告書に添付します。

7　未収配当金

　被相続人が株式等を保有している場合、配当金は通常指定した口座に支払期日に振り込まれています。

　指定した口座への振込みの手続きをしていない場合には、「配当金領収書」が株式等の発行会社等から送られ、これを銀行やゆうちょ銀行に持参すると現金の交付を受けることができます。死亡した日以後に預貯金口座が生きていて配当金が振り込まれていれば確認できます。

　しかし、預貯金口座が被相続人の死亡によって閉鎖されているとその確認ができないことになります。また、配当金領収書が送付されている場合にはその現金化を行う必要もあります。振込の場合には、配当金支

払通知書が被相続人あてに送られてきています。どちらの場合も未収配当金を相続財産に計上しなければなりません。

相続税申告書には、配当金支払通知書又は配当金領収書のコピーを添付します。

8　電話加入権

被相続人名義の固定電話がある場合には、電話加入権を財産として計上します。固定電話の電話番号を表記して申告することになります。

9　特許権、著作権、営業権

被相続人が個人として特許権、著作権、営業権などを保有している場合があります。特許権の相続による移転登録申請書を特許庁に提出しなければならず、相続しようとしている特許の番号が必要です。

また、特許権を維持するためには、特許維持年金を特許庁に納付しなければならず、期限までに納付しているかどうかの確認も必要です。納付していなければ特許権は消滅しているからです。特許庁の特許原簿等で調べて、正確な被承継人の表示記載が必要です。被相続人が特許権を所有していた可能性がある場合には、このような確認の手続きが必要です。

被相続人が著作権や営業権を保有していて、これを相続人が相続すると相続財産として申告する必要があります。これらの権利を引き継ぐ手続きをすれば、手続きをした書類が保存されているはずですから、これらを相続税の申告書に添付します。

10　未収穫の農産物等

農業・畜産業などを営んでいた被相続人が死亡した時点で、出荷前の農作物や牛・豚・鶏などの畜産物、育成中の農作物、養育中の畜産物に

ついては、死亡時点における評価額で被相続人の財産として計上しなければなりません。

準確定申告における決算書、資産負債調べ、及び総勘定元帳などから算定します。相続税の申告書にこれらの書類を添付します。

11 所得税及び復興特別所得税の準確定申告の還付金

所得税及び復興特別所得税の準確定申告をした際に還付金があった場合には、被相続人の本来の財産であるため財産として相続税の申告を行います。

申告にあたっては所得税及び復興特別所得税の準確定申告書の控えを添付します。

XIV 【債務・葬式費用】債　務

■図表1-22　債　務

検 討 内 容	検討済(✓)	検 討 資 料	検討資料(又は写し)の添付
① 借入金、未払金、未納となっていた固定資産税、所得税などの計上漏れはありませんか。	□	○ 納付書、納税通知書、請求書、手形	有（　部）・無
② 預り保証金（敷金）等の計上漏れはありませんか。	□	○ 賃貸借契約書	有（　部）・無
③ 相続を放棄した相続人はいませんか。	□	○ 相続権利放棄申述の証明書	有（　部）・無

Q 相続財産から控除する債務に含まれるものについて、財産調査を進める上で注意すべきポイントはありますか。

1 借入金、未払金、未納固定資産税、未納所得税

　金融機関からの借入金については残高証明書の依頼書に借入金についても記載しておくと同時に、各金融機関等からの借入金債務がある場合にはその返済計画書も預かります。被相続人に係る相続税、所得税、住民税、贈与税、消費税、登録免許税及び自動車重量税等の未払い分についても債務として計上しなければなりません。

　固定資産税については、既に一括納付していれば債務控除の対象金額はありませんが、4期の納付期限ごとに支払っている場合には、未払い分について債務控除しなければなりません。これらの納付書の控え、納付書及び預貯金口座の引き落としの確認が必要となります。また、準確定申告における所得税・消費税の申告分についても未払金として債務控除する必要があります。

被相続人が病院で亡くなった場合、病院の入院費用の支払いを死亡後に相続人が支払っていることもあります。債務控除の対象とするか、被相続人の死亡した日における現金残高から控除しておくか、いずれかの処理をします。

　被相続人が個人事業を行っていた場合には、買掛金、支払手形、経費の未払金などの債務があります。準確定申告書の決算書、資産負債調べ、総勘定元帳、買掛元帳、支払手形帳などから確認します。相続税の申告書には納付書、納税通知書、領収書、請求書、準確定申告書の控え、決算書、資産負債調べ、総勘定元帳、買掛元帳、支払手形帳などを添付します。

② 預かり保証金・敷金等

　賃貸不動産がある場合には、賃貸借契約書などから預かり保証金や敷金等返還を要する金額を確認します。賃貸物件の修繕費等の未払金については上記で計上します。最近は一括借り上げ契約による賃貸契約となっている場合もありますが、一括借り上げ契約の内容によって敷金等の負担を賃貸物件所有者に帰属させない契約があるため、一括借り上げ契約の内容についても精査する必要があります。相続税の申告書には、賃貸借契約書を添付します。

③ 相続放棄者の確認

　被相続人の租税債務について準確定申告をした場合、国との関係で債権債務の確定行為を行うことになり、それが財産の処分をしたとして相続を単純承認したとみなされる可能性があります。相続人全員が相続の放棄を行うことを検討している場合には、相続放棄の手続きが完了するまで準確定申告を行わないことも選択肢の一つと考えられます。

　相続の放棄をした者がいる場合には、相続税の申告書に相続権利放棄申述の証明書を添付します。

XV 【債務・葬式費用】葬式費用

■図表1-23　葬式費用

検　討　内　容	検討済(✓)	検　討　資　料	検討資料(又は写し)の添付
① 法要や香典返しに要した費用が含まれていませんか。	□	○ 領収証、請求書等	有（　部）・無
② 墓石や仏壇の購入費用が含まれていませんか。	□		有（　部）・無

葬式費用については相続財産から控除できると聞きましたが、注意すべきポイントはありますか。

□ 葬式費用

　最近は菩提寺ではなく葬儀社で葬儀を執り行うことが多くなっています。従って葬式費用については葬儀社の費用明細のついた請求書で明らかになることが多いようです。

　しかし、戒名料、お寺へのお礼など領収書のない支払いもありますので、通常相続人がノート等にメモしている書類を預かり、コピーします。支払金額、支払事由、支払った先のお寺の名前、住所等を漏れのないように聞いておきます。葬儀社の請求明細の中で初七日費用などが明示されていない場合には、その確認を行います。墓石や仏壇などの費用は、葬式費用にも債務にも含まれませんのでこれらの費用が含まれていないかどうかのチェックも必要です。相続税の申告書には、請求書、領収書、メモ等を添付します。

XVI 生前贈与財産の相続財産への加算

■図表1-24　生前贈与財産の相続財産への加算

検　討　内　容	検討済(✓)	検　討　資　料	検討資料(又は写し)の添付
【相続時精算課税】 ① 相続時精算課税に係る贈与によって取得した財産は加算していますか。 ② 相続時精算課税適用者がいる場合に必要な書類を添付していますか。	□ □	○ 贈与税の申告書（控） ○ 申告書第11の2表 ○ 相続人の戸籍の附票の写し ○ 相続時精算課税適用者の戸籍の附票の写し（相続時精算課税適用者が平成27年1月1日において20歳未満の者である場合には提出不要です。）	有（　部）・無 有（　部）・無
【暦年課税】 ① 相続開始前3年以内に贈与を受けた財産は加算していますか（基礎控除額未満の贈与も含みます）。 ② 配偶者が相続開始の年に被相続人から贈与を受けた居住用不動産又は金銭を特定贈与財産としている場合に必要な書類を添付していますか。	□ □	○ 贈与証書、贈与税の申告書（控）、預貯金通帳 ○ 申告書第14表 ○ 配偶者の戸籍の附票の写し ○ 居住用不動産の登記事項証明書	有（　部）・無 有（　部）・無

> **Q** 一定の期間の生前贈与財産は相続財産に取り込まれると聞きましたが、その際に注意すべきポイントはありますか。

A

1 相続時精算課税にかかる贈与によって取得した財産

　平成15年に創設された相続時精算課税制度による財産の贈与を受けていた場合、その財産を贈与した者が死亡した場合における被相続人に係る相続税の申告においては、経過年数にかかわらず相続財産に加算し

て相続税の計算を行う必要があります。

　相続税の申告にあたっては過去の贈与税申告書の控えの提出を求めて確認しますが、10年以上経過していたような場合には、贈与を受けた者がその事実を失念していることもあり得ます。

　そこで「相続税法第49条第1項の規定に基づく開示請求書」によって、被相続人の死亡したときの住所地の所轄税務署に対して、被相続人に係る相続開始の日の属する年の3月16日以後に開示請求を行います。開示請求書の様式は次ページの通りです。なお、次の書類の添付が必要です。

①	全部分割の場合	遺産分割協議書の写し
②	遺言書がある場合	開示請求者及び開示対象者に関する遺言書の写し
③	上記以外の場合	開示請求者及び開示対象者に係る戸籍の謄本（抄）

　なお、送付による受領を希望する場合には、上記添付書類のほか、開示請求者の住民票の写し及び返信用の封筒に切手を貼ったものを添付する必要があります。

　相続税の申告書には、贈与税申告書控え、被相続人及び相続時精算課税適用者の戸籍の附表の写しを添付します。

第1章 相続税申告に向けての準備編

■図表1-25 相続税法第49条第1項の規定に基づく開示請求書

相続税法第49条第1項の規定に基づく開示請求書

_____税務署長　　　　　　　　　　　　　　　　　　平成　年　月　日

【代理人記入欄】
住　所
氏　名　㊞
連絡先

開示請求者
- 住所又は居所（所在地）　〒　　　Tel（ - - ）
- フリガナ
- 氏名又は名称　㊞
- 個人番号
- 生年月日　　被相続人との続柄

私は、相続税法第49条第1項の規定に基づき、下記1の開示対象者が平成15年1月1日以後に下記2の被相続人からの贈与により取得した財産で、当該相続の開始前3年以内に取得したもの又は同法第21条の9第3項の規定を受けたものに係る贈与税の課税価格の合計額について開示の請求をします。

1　開示対象者に関する事項

住所又は居所（所在地）			
過去の住所等			
フリガナ			
氏名又は名称（旧姓）			
生年月日			
被相続人との続柄			

2　被相続人に関する事項

- 住所又は居所
- 過去の住所等
- フリガナ
- 氏　名
- 生年月日
- 相続開始年月日　平成　年　月　日

3　承継された者(相続時精算課税選択届出者)に関する事項

- 住所又は居所
- フリガナ
- 氏　名
- 生年月日
- 相続開始年月日　平成　年　月　日
- 精算課税適用者である旨の記載　上記の者は、相続時精算課税選択届出書を_____署へ提出しています。

4　開示の請求をする理由（該当する□に✓印を記入してください。）
相続税の　□期限内申告　□期限後申告　□修正申告　□更正の請求　に必要なため

5　遺産分割に関する事項（該当する□に✓印を記入してください。）
- □ 相続財産の全部について分割済（遺産分割協議書又は遺言書の写しを添付してください。）
- □ 相続財産の一部について分割済（遺産分割協議書又は遺言書の写しを添付してください。）
- □ 相続財産の全部について未分割

6　添付書類等（添付した書類又は該当項目の全ての□に✓印を記入してください。）
- □ 遺産分割協議書の写し　□ 戸籍の謄(抄)本　□ 遺言書の写し　□ 住民票の写し
- □ その他（　　　　　）
- □ 私は、相続時精算課税選択届出書を_____署へ提出しています。

7　開示書の受領方法（希望される□に✓印を記入してください。）
□ 直接受領（交付時に請求者又は代理人であることを確認するものが必要となります。）　□ 送付受領（請求時に返信用切手、封筒及び住民票の写し等が必要となります。）

※　税務署整理欄（記入しないでください。）

番号確認	身元確認	確認書類		確認者
	□ 済	個人番号カード／通知カード・運転免許証		
	□ 未済	その他（　　　）		
委任の確認	開示請求者への確認　（　・　）			
	委任状の有無　□ 有　□ 無			

(資4-90-1-A4統一)

■図表1-26　相続税法第49条第1項の規定に基づく開示書
　　　　　　贈与税の申告内容の開示請求の回答書（見本）

×××-××××

　　　　　　　　　　　　　　　　　　　　　第　××　号
　　　　　　　　　　　　　　　　　　　　平成××年××月××日
住所又は居所
（所在地）　　　市　　　町××番地
氏名又は名称　　　　　　　　　　　　　殿
　　　　　　　　　　　　　　　　　　　××　　税務署長　　印

　　　　　　　相続税法第49条第1項の規定に基づく開示書

　　平成××年××月××日に相続税法第49条第1項の規定に基づく請求
　があった贈与税の課税価格については、下記のとおり開示します
　　なお、この開示書は、平成××年××月××日現在の課税価格に基づい
　て作成しています

　　　　　　　　　　　　　　記
1　開示対象者（開示対象者が7名以上の場合は開示書付表に記載しています）

住所又は住居所（所在地）	氏名又は名称
市　　町　　番地	
以　　下	余　　白

2　相続開始前3年以内の贈与（3に該当する贈与を除く）

| 贈与税の課税価格の合計額 | ××,×××,×××円 |

3　相続税法第21条の9第3項に該当する贈与（相続時精算課税適用分）

| 贈与税の課税価格の合計額 | 該当なし　　円 |

2 暦年贈与によって取得した財産

相続時精算課税による贈与によって取得した財産だけではなく、相続開始前3年以内の贈与による財産の課税価格の合計額も「相続税法第49条第1項の規定に基づく開示請求書」によって請求すると「相続税法第49条第1項の規定に基づく開示書の回答書」に記載されます。数人が同じ用紙で開示請求すると、この開示書には各人の合計額が記載され、各人毎の金額が明示されません。開示請求は各人ごとに一枚ずつで行うことが実務的です。相続税申告書には、贈与証書、贈与税申告書の写しを添付します。

3 110万円以内の贈与も加算

被相続人からの年間110万円以下の財産の贈与についても、相続開始前3年以内の贈与による財産の課税価格の合計額に加算しなければなりません。被相続人の預貯金入手金表や相続人の預貯金の確認などによって把握されたこれらの財産についても申告をする必要があります。相続税申告書には、被相続人の預貯金入出金表、相続人の預貯金通帳などを添付します。

4 相続開始の年に被相続人から贈与を受けた居住用不動産又は金銭を特定贈与財産としている場合

被相続人が亡くなった年において、亡くなる前に居住用不動産又は居住用財産を取得するための金銭の特定贈与財産の贈与を相続人が受けていた場合には、贈与税の特例の適用を受けることができます。適用を受けるためには適用期限までに、必要な書類を添付して適用を受けるための手続を行う必要があります。申告書に居住用不動産の登記事項証明書又は贈与証書、戸籍の附表の写しを添付します。

第2章
特例適用のための準備編

I 【特例】小規模宅地等についての課税価格の計算特例

■図表2-1 小規模宅地等

検討内容	検討済（✓）	検討資料	検討資料（又は写し）の添付
① 特例を適用する場合に必要な書類を添付していますか。	□	○ 申告書第11・11の2表の付表1 ○ 申告書第11・11の2表の付表1（別表） ○ 遺言書又は遺産分割協議書の写し及び印鑑証明書	有（　部）・無
イ　特定居住用宅地等に該当する場合 ・特例を適用する場合に必要な書類を添付していますか。 ※ 被相続人が養護老人ホームに入所していたことなど一定の事由により相続開始の直前において被相続人の居住の用に供されていなかった宅地等については、「相続税の申告のしかた」等をご確認ください。	□	○ 特例の適用を受ける宅地等を自己の居住用に供していることを明らかにする書類（特例の適用を受ける人が被相続人の配偶者である場合又はマイナンバー（個人番号）を有する者である場合には提出不要です。） ○ 被相続人の親族で、相続開始前3年以内に自己又は自己の配偶者の所有する家屋に居住したことがないなど一定の要件を満たす人が、被相続人の居住の用に供されていた宅地等について特例の適用を受ける場合には以下の書類が必要です。 ・相続開始前3年以内における住所又は居所を明らかにする書類（特例の適用を受ける人がマイナンバーを有する者である場合には提出不要です。） ・相続開始前3年以内に居住していた家屋が、自己又は自己の配偶者の所有する家屋以外の家屋である旨を証する書類	有（　部）・無

検 討 内 容	検討済(✓)	検 討 資 料	検討資料(又は写し)の添付
・ 取得者ごとの居住継続（相続開始の直前から相続税の申告期限まで引き続きその家屋に居住していること）、所有継続（相続税の申告期限まで有していること）の要件を満たしていますか。	□		有（　部）・無
ロ 一定の郵便局舎の敷地の用に供されている宅地等で、特定事業用宅地等に該当する場合に必要な書類を添付していますか。	□	○ 総務大臣が交付した証明書	有（　部）・無
ハ 特定同族会社事業用宅地等に該当する場合に必要な書類を添付していますか。	□	○ 法人の定款の写し ○ 法人の発行済株式の総数（又は出資の総額）及び被相続人等が有するその法人の株式の総数（又は出資の総額）を記載した書類でその法人が証明したもの	有（　部）・無
② 居住用の部分と貸付用の部分があるマンションの敷地等については、それぞれの部分ごとに面積をあん分して軽減割合を計算していますか。	□	○ 賃貸借契約書等	有（　部）・無
③ 貸付事業用宅地等（不動産貸付業、駐車場業、自転車駐車場業及び準事業）について、特定事業用宅地等として80％減をしていませんか。	□	○ 収支内訳書（不動産所得用）	有（　部）・無
④ 面積制限の計算を適正にしていますか。	□	○ 申告書第11・11の2表の付表1	有（　部）・無
⑤ 未分割の宅地に適用していませんか。	□	○ 遺言書又は遺産分割協議書	有（　部）・無
○ 未分割の場合に「申告期限後3年以内の分割見込書」を添付していますか。	□	○ 申告期限後3年以内の分割見込書	有（　部）・無

■図表2-2　特定居住用宅地等

(1) 被相続人の居住の用に供されていた宅地等

A	配偶者	無条件（居住継続しなくてもよい）
B	相続税の申告期限まで継続して保有	①相続開始直前に宅地等の上の家屋に被相続人と同居 ②申告期限までそこに居住
C		①被相続人の配偶者又は相続開始直前において被相続人の居住の用に供されていた家屋に居住していた<u>相続人</u>がいないこと 　　　　　↓ 　　[相続を放棄した人を含む] ②相続開始前3年以内に日本国内にある自己又は自己の配偶者の所有する<u>家屋</u>に居住したことがないこと 　　　　　↓ 　　[相続開始直前において被相続人の居住の用に供されていた家屋を除いて判定]

(2) 被相続人と生計を一にする被相続人の親族の居住の用に供されていた宅地等
（被相続人はその宅地等に居住していなくともよい）

A	配偶者	無条件（居住継続しなくてもよい）
B	相続税の申告期限まで継続して保有	相続開始前から相続税の申告期限までその宅地等の上に存する家屋に居住していること

■図表2-3　小規模宅地等の特例の減額割合

宅地等		上限面積	減額割合
事業用	事業継続	400㎡	▲80%
	不動産貸付	200㎡	▲50%
居住用	居住継続	330㎡	▲80%

Q 一定の宅地等について相続税の課税価格を最大8割減額する、小規模宅地特例を適用すると、相続税の申告税額が0になるケースがあると聞きました。同特例の適用を受けるために準備しておくべきことは何ですか。

A

1 特定居住用宅地等

被相続人の配偶者が特定居住用宅地等の特例を適用する場合には要件の確認は必要ありません。

しかし、図表2-2(1)及び(2)の図における配偶者以外の者が居住用宅地等を取得し、特定居住用宅地等の特例を適用する場合には適用要件を充足しなければなりません。適用要件を確認するための書類として、相続税の申告書には、取得した者の住民票の写し、戸籍の附票の写し、相続開始前3年以内にその取得者が居住していた家屋が自己又はその配偶者が所有する家屋以外の家屋である旨を証する書類などを添付します。

また、被相続人の居住の用に供されていた宅地等が、相続開始の直前において被相続人の居住の用に供されていなかった場合において、被相続人が要介護認定又は要支援認定を受けており、いわゆるグループホーム、特別養護老人ホーム、養護老人ホーム、軽費老人ホーム、有料老人ホーム、介護老人ホーム又はサービス付き高齢者向け住宅に住居又は施設に入居又は入所していたときは、特定居住用宅地等に該当します。これらの場合には、これらの施設等との賃貸借契約書、入居契約書等を相続税の申告書に添付します。

■図表2-4　特定事業用宅地等の要件

区　分		特例の適用要件
被相続人の事業の用に供されていた宅地等	事業継続要件	その宅地等の上で営まれていた被相続人の事業を相続税の申告期限までに承継し、かつ、その申告期限までその事業を営んでいること
	保有継続要件	その宅地等を相続税の申告期限まで有していること
被相続人と生計を一にしていた被相続人の親族の事業の用に供されていた宅地等	事業継続要件	相続開始の直前から相続税の申告期限まで、その宅地等の上で事業を営んでいること
	保有継続要件	その宅地等を相続税の申告期限まで有していること

■図表2-5　被相続人の所有する建物等がある場合

当該建物で事業(※1)を行っている者	建物の貸借形態	特例内容	根　拠
被相続人	―	特定事業用	措通69の4-4(2)
生計を一にする親族	有　償	貸付事業用	措通69の4-4(1)
	無　償	特定事業用	措通69の4-4(2)
被相続人等以外の者	有　償	貸付事業用	措通69の4-4(1)
	無　償	非該当	―

（※1）事業には、貸付事業を除きます。
（※2）特定事業用、貸付事業用は、それぞれ特定事業用宅地等、貸付事業用宅地等の他の要件を満たしている場合に限ります。

②　特定事業用宅地等

　被相続人の事業の用に供されていた宅地等の上で営まれていた被相続人の事業を相続税の申告期限までに承継し、かつ、その申告期限までその事業を営み、その宅地等を相続等によって取得し、相続税の申告期限まで保有していると特定事業用宅地等となります。

　また、被相続人と生計を一にしていた被相続人の親族が相続開始の直前から相続税の申告期限までその宅地等の上で事業を営み、その宅地等を相続等によって取得し、相続税の申告期限まで保有していると同様に特定事業用宅地等となります。この場合において、建物所有者が被相続人の場合に家賃の授受をしていた場合や建物所有者が生計を一にしていた被相続人の親族であった場合に地代の授受をしていた場合には貸付事業用宅地等となります。

　郵便局舎の敷地の用に供されている宅地等で、特定事業用宅地等に該当する場合には、総務大臣が交付した証明書の添付が必要です。

　相続税の申告書には、被相続人の確定申告書及び決算書の控え、事業用宅地等を取得した者の確定申告書及び決算書の控、建物及び宅地の登記事項証明書を添付します。

■図表2-6　総務大臣の証明書

別記様式第一（第一条関係）

租税特別措置法第六十九条の四第一項第一号の郵便局の用に供されている宅地等であることの証明申請書

総　務　大　臣　殿

　　　　　　　　　　　　申請年月日　　年　　月　　日
　　　　　　　　　　　　　　　　　住　　　　　所
　　　　　　　　　　　　　　氏　　名　　　　　　　印

　下記の宅地等が租税特別措置法第六十九条の四第一項第一号の郵便局の用に供されている宅地等であることにつき、郵政民営化に関する法人税及び相続税に係る課税の特例に関する省令第二条第一項の規定による証明を受けたいので、申請します。

　　　　　　　　　　　　　記

1　局　　名
2　所在地番
3　郵便局舎の床面積
4　郵便局舎の敷地の面積
5　郵便局舎の所有者（全員）の住所・氏名
6　郵便局舎の敷地の所有者（全員）の住所・氏名
7　郵便局舎の敷地として使用される期間
8　平成19年10月1日から相続の開始の直前までの間における、郵政民営化法施行令第三項に掲げる事項以外の当該賃貸借契約の契約事項に関する変更の有無
9　当該宅地等について、過去における郵政民営化法第百八十条第一項の規定の適用の有無

　（注）「4　郵便局舎の敷地の面積」欄には、建物の一部が郵便局舎として使用されていない場合は、その建物の敷地のうち郵便局舎として使用している部分に対応する面積（床面積あん分により計算します。）を記載します。

　上記の申請は、郵政民営化に関する法人税及び相続税に係る課税の特例に関する省令第二条第一項各号に該当することを証明します。

　　　証明番号　　　第　　　　号
　　　証明年月日　　　年　　月　　日
　　　　　　　　　　　　　　　　　総　務　大　臣　　印

■図表2-7　特定同族会社事業用宅地等

〈特定同族会社事業用宅地等の要件〉

区　分	特例の要件	
特定同族会社（※1）の事業（※3）の用に供されていた宅地等	法人役員要件	相続税の申告期限においてその法人の役員（※2）であること
	保有継続要件	その宅地等を相続税の申告期限まで有していること

（※1）特定同族会社とは、相続開始の直前において被相続人及びその親族等がその法人の発行済株式の総数又は出資の総額の50％超を有している法人（相続税の申告期限において清算中の法人を除きます。）をいいます。
（※2）法人税法第2条第15号に規定する役員（清算人を除きます。）をいいます。
（※3）不動産貸付業でないこと

■図表2-8　賃料の授受

建物の貸借形態	特例内容	根　拠
有　償	特定同族会社事業用	措通69の4-23
無　償	非該当	―

（※）特定同族会社事業用は、特定同族会社事業用宅地等の他の要件を満たしている場合に限ります。

③　特定同族会社事業用宅地等

　被相続人が所有していた宅地等が、図表2-7「特定同族会社事業用宅地等」に該当する場合には、小規模宅地等の特例の適用を受けることができます。

　この場合において家賃や地代の授受を行っていない場合には適用がないこととされています。

　相続税の申告に当たっては、法人の定款の写し、法人の発行済株式の総数（又は出資の総額）及び被相続人等が有するその法人の株式の総数（又は出資の総額）を記載した書類でその法人が証明したもの、決算書、勘定科目内訳書などを添付します。

4 貸付事業用宅地等

　被相続人が所有していた宅地等が、不動産貸付業、駐車場業、自転車駐車業等の用に供されていた場合、その宅地等の取得者が被相続人がその宅地等の上で営んでいた貸付事業について、相続税の申告期限までにその貸付事業を承継し、かつ、その申告期限までその貸付事業を営み、その宅地等を相続税の申告期限まで有しているときに適用があります。

　また、被相続人と生計を一にしていた親族の貸付事業用宅地等で、その宅地等の取得者が、相続税の申告期限までその貸付事業を営み、その宅地等を相続税の申告期限まで保有していても適用があります。

　相続税の申告書には、確定申告書及び決算書・収支内訳書を添付します。

II 【特例】特定計画山林

■図表2-9　特定計画山林

検　討　内　容	検討済(✓)	検　討　資　料	検討資料(又は写し)の添付
① 調整限度額の計算を適正にしていますか。 ② 特例を適用する場合に必要な書類を添付していますか。	□ □	○ 申告書第11・11の2表の付表2 ○ 遺言書又は遺産分割協議書の写し及び印鑑証明書 ○ 森林経営計画書の写し ○ 特例の適用を受ける資産の内容の分かるもの	有（　部）・無 有（　部）・無
○ 未分割の場合に「申告期限後3年以内の分割見込書」を添付していますか。	□	○ 申告期限後3年以内の分割見込書	有（　部）・無

Q 特定計画山林については、その課税価格の8割を納税猶予する特例があるそうですが、同特例の適用を受けるために準備しておくべきことは何ですか。

A

　特定計画森林法に基づき山林経営の規模の拡大の目標及びその目標を達成するために必要な作業路網の整備などの措置を記載した森林経営計画の認定を受け、その計画に従って山林経営を行ってきた被相続人の所有する山林（土地又は立木をいいます。以下同じです。）の全てを、相続人のうちの一人（以下「後継者」といいます。）が相続又は遺贈により取得し、引き続きその計画に従って山林経営を行う場合には、その後継者が納付すべき相続税のうち、その山林の価額の80％に対応する相続税の納税が猶予されます。

　申告書には森林経営計画書の写し、特例適用を受ける財産の内容がわかるもの、遺言書又は遺産分割協議書の写し及び印鑑証明書を添付します。

■図表2-10　山林についての相続税の納税猶予の特例のあらまし

山林についての相続税の納税猶予の特例のあらまし

1　特例の概要

森林法に基づき山林経営の規模の拡大の目標及びその目標を達成するために必要な作業路網の整備などの措置を記載した森林経営計画の認定を受け、その計画に従って山林経営を行ってきた被相続人の所有する山林（土地又は立木をいいます。以下同じです。）の全てを、相続人のうちの一人（以下「後継者」といいます。）が相続又は遺贈により取得し、引き続きその計画に従って山林経営を行う場合には、その後継者が納付すべき相続税のうち、その山林の価額の80％に対応する相続税の納税が猶予されます。

なお、この特例は、平成24年4月1日以降に相続又は遺贈により取得をする山林に係る相続税について適用されます。

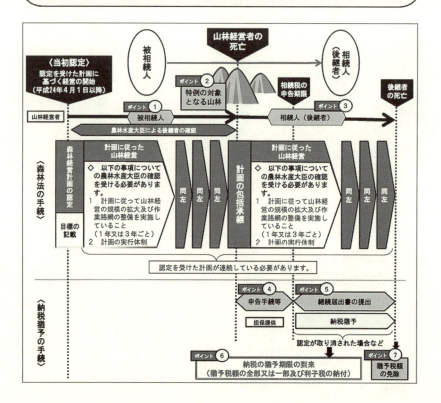

III 【特例】農地等の納税猶予

■図表2-11　農地等の納税猶予

検　討　内　容	検討済(✓)	検　討　資　料	検討資料(又は写し)の添付
① 期限内申告ですか。	□		有（　部）・無
② 遺言書又は遺産分割協議書がありますか。	□		有（　部）・無
③ 被相続人は死亡の日まで、特例適用農地について農業を営んでいましたか。	□		有（　部）・無
④ 贈与税の納税猶予の特例の適用を受けていた場合、特例適用者は相続人であり、かつ、速やかに農業経営を開始していますか。その特例農地等を計上していますか。	□	○ 贈与税の申告書（控）	有（　部）・無
⑤ 現況が農地等以外の土地又は特定市街化区域農地等（都市営農農地等を除きます。）に特例を適用していませんか。	□		有（　部）・無
⑥ 必要な書類を添付していますか。	□	○ 遺言書又は遺産分割協議書の写し及び印鑑証明書 ○ 農業委員会の適格者証明書等 ○ 担保の提供に関する書類	有（　部）・無

Q 農地等については、一定の期限までその農地等に係る相続税の納税を猶予する特例があるとのことですが、同特例の適用を受けるために準備しておくべきことは何ですか。

A

1　農地等の納税猶予の特例

　農業を営んでいた被相続人又は農地等の特定貸付けを行っていた被相

続人から相続又は遺贈により一定の農地及び採草放牧地並びに準農地を取得した相続人が、これらの農地等を引き続き農業の用に供していく場合又は特定貸付けをしていく場合に、これらの農地等の価額のうち農業投資価額を超える部分に対応する相続税額について、一定の要件の下に一定の期限までその納税を猶予する制度があります。

猶予税額は適用を受けていた相続人の死亡、市街化区域内農地（三大都市圏の特定市の「都市営農農地等」を除きます。）について適用開始から20年が経過することなどの事由によって免除されます。この特例の適用を受けるためには様々な手続きが必要です。まず、納税猶予の適用を受けようとする農地等を取得する者が遺言書又は遺産分割協議書で確定していなければなりません。その上で以下の手続きが必要です。

① 遺言書又は遺産分割協議書の作成
② 農業委員会からの「相続税の納税猶予に関する適格者証明書」の交付
③ 三大都市圏の特定市の区域内に所在する農地又は採草放牧地である場合には、市長又は特別区の区長からの「納税猶予の特例適用の農地等該当証明書」の交付
④ 相続登記後の特例適用農地等の登記事項証明書の取得
⑤ 担保提供に関する書類
⑥ 相続税の期限内申告書に上記の書類を添付して所轄税務署長に提出

② 農業委員会での適格者証明願

被相続人から農地を相続し、特例農地等について相続税の納税猶予の適用を受ける場合には、農業相続人は農業委員会から「相続税の納税猶

予に関する適格者証明書」の交付を受けなければなりません。

　農業委員会は農業相続人から適格者証明願いが提出されると、農地等の現地調査をした上で、各農業委員会によって異なりますが、数週間から1カ月程度で証明書が交付されます。申請にあたっては農業委員会によって多少異なりますが次のような書類が必要です。

> ①　相続税の納税猶予に関する適格者証明書」及び「(別表)特例適用農地等の明細書」
> ②　営農確約書
> ③　遺産分割協議書又は遺言書
> ④　特例適用等の登記事項証明書
> ⑤　被相続人の戸籍謄本
> ⑥　相続人及び被相続人の住民票
> ⑦　特例適用農地等の公図の写し及び位置図
> ⑧　特例適用農地等の固定資産税評価証明書

　なお、農地等の納税猶予の特例についての詳細については『農地の納税猶予制度とこれからの農地承継』(ぎょうせい・今仲清著・平成22年11月刊) を参考にしてください。

■図表2-12　相続税の納税猶予に関する適格者証明願い

証　明　願

平成　　年　　月　　日

○○市農業委員会会長　様

農地等の相続人氏名　　　　　　印

　下記の事実に基づき、被相続人及び私が租税特別措置法第70条の6第1項の規定の適用を受けるための適格者であることを証明願います。

1. 被相続人に関する事項

住所				氏名		職業	
相続開始年月日		年　月　日		農地等の生前一括贈与を受けていた場合には、その年月日		年　月　日	
被相続人の所有面積	耕作農地		㎡	被相続人が農業経営主でない場合	農業経営者の氏名		
	採草放牧地		㎡		農業経営者と被相続人との同居・別居の別	同居・別居	
	合計		㎡				

2. 農地等の相続人に関する事項
　(1) 農地等の相続人

住所				氏名		職業	
生年月日		年　月　日	被相続人との続柄	相続開始時における被相続人との同居・別居の別	同居・別居	相続開始時において農耕に従事した実績の有無	有・無
特例の適用を受けようとする農地等の明細			別表のとおり	左記の農地等による農業経営の開始年月日		年　月　日	
今後引き続き農業経営を行うことに関する事項							
その他参考事項							

　(2) 農地等の相続人の推定相続人（生前一括贈与を受けていた農地等について使用貸借による権利が設定されている場合）

住所				氏名		職業	
生年月日		年　月　日	相続人との続柄		使用貸借による権利の設定の年月日		年　月　日
使用貸借に係る農地等の明細			別表のとおり	左記の農地等による農業経営の開始年月日		年　月　日	
今後引き続き推定相続人が農業経営を行うことに関する事項							
相続人が推定相続人の経営する農業に従事していることに関する事項							

　上記証明願のとおり、被相続人及び農地等の相続人は、租税特別措置法第70条の6第1項に規定する適格者であることを証明する。
市農委第　　号
平成　　年　　月　　日

　　　　　　　　　　　　　　　　　○○市農業委員会　会長　　××　××　　印

■図表2-13　相続税の納税猶予に関する適格者証明書の別表
　　　　　〈適格者証明書の別表　特例適用農地等の明細書〉

相続税の納税猶予の特例の適用を受ける者	住所		※3年毎の継続届出書の整理欄			
			1回目	2回目	3回目	4回目
	氏名		5回目	6回目	7回目	8回目
相続開始年月日		平成　　年　　月　　日				
農地等の生前一括贈与を受けていた場合には、その年月日		平成　　年　　月　　日				

特例適用農地等の明細							
番号	田、畑、採草放牧地又は準農地の別	登記上の地目	所在場所	市街化区域内外の別	面積（㎡）	※譲渡等又は買取りの申出等についての整理欄	
1				内・外			
2				内・外			
3				内・外			
4				内・外			
5				内・外			
6				内・外			
7				内・外			
8				内・外			
9				内・外			
10				内・外			
11				内・外			
12				内・外			
13				内・外			
14				内・外			
15				内・外			
16				内・外			
17				内・外			
18				内・外			
19				内・外			
合計							

■図表2-14　相続税の納税猶予の特例適用の農地等該当証明書

証　明　願

平成　年　月　日

_____市長殿

住所_____
氏名_____㊞

　相続税（贈与税）の納税猶予の適用に関して必要があるため、下記に記載した農地又は採草放牧地について、次の①（又は②）のとおりであることを証明願います。
① 　下記に記載した農地又は採草放牧地が、都市計画法第7条第1項に規定する市街化区域内に所在する同法第8条第1項第14号に掲げる生産緑地地区内又は同法第7条第1項に規定する市街化調整区域内に所在する農地又は採草放牧地であること（納税猶予の対象となる農地等であること。）。
② 　下記に記載した農地又は採草放牧地が、a.平成9年4月1日／b.平成3年1月1日において都市計画法第7条第1項に規定する市街化区域内の農地又は採草放牧地であり、同法第8条第1項第14号に掲げる生産緑地地区外の土地の区域に所在する農地又は採草放牧地であること（特定転用の対象となる農地であること。）。
（注）証明を受ける区分に応じ、①又は②、a.若しくはb.のそれぞれいずれか一方を抹消してください（裏面の記載要領1及び2（2）欄をよく読んでください。）。

（対象となる農地又は採草放牧地）

番号	農地又は採草放牧地の所在	地目	面積（㎡）	市街化区域内・外の別	生産緑地地区内・外の別	※　第二種生産緑地地区に関する都市計画の指定又は変更の日及び都市計画の失効の日		
1				内・外	内・外	決定・変更日 失効の日	・	・
2				内・外	内・外	決定・変更日 失効の日	・	・
3				内・外	内・外	決定・変更日 失効の日	・	・
4				内・外	内・外	決定・変更日 失効の日	・	・
5				内・外	内・外	決定・変更日 失効の日	・	・
6				内・外	内・外	決定・変更日 失効の日	・	・
7				内・外	内・外	決定・変更日 失効の日	・	・
8				内・外	内・外	決定・変更日 失効の日	・	・
9				内・外	内・外	決定・変更日 失効の日	・	・
10				内・外	内・外	決定・変更日 失効の日	・	・

※欄は、申請者が記載する必要はありません。

　次の_____に該当するものであることを証明する。
① 　上記に記載された農地又は採草放牧地が、都市計画法第7条第1項に規定する市街化区域内に所在する同法第8条第1項第14号に掲げる生産緑地地区内又は同法第7条第1項に規定する市街化調整区域内に所在する農地又は採草放牧地であること。
② 　上記に記載された農地又は採草放牧地が、a.平成9年4月1日／b.平成3年1月1日において都市計画法第7条第1項に規定する市街化区域内の農地又は採草放牧地であり、同法第8条第1項第14号に掲げる生産緑地地区外の土地の区域に所在する農地又は採草放牧地であること。
（注）証明を行う区分に応じ、a.又はb.のいずれか一方を抹消してください（裏面の記載要領2（2）をよく読んでください。）。

平成　年　月　日

〇〇市長　××　××　㊞

3 担保の提供

農地等の納税猶予・免除の特例の適用を受けるためには、担保を提供しなければなりません。適用を受ける農地等をすべて担保として提供すれば「納税猶予分の相続税額に相当する担保を提供したもの」とされます。もちろん、納税猶予分の相続税額に相当する評価額の他の土地を担保として提供することも可能です。

■図表2-15　担保提供に必要な書類

担保の種類	担保提供に必要な書類
土　　地	①　担保提供書 ②　土地の登記事項証明書（及び固定資産税評価証明書） ③　抵当権設定登記承諾書 ④　印鑑証明書
建物又は立木で保険に付したもの	①　担保提供書 ②　建物の登記事項証明書（及び固定資産税評価証明書） ③　抵当権設定登記承諾書 ④　印鑑証明書 ⑤　建物の火災保険等の保険金請求権について税務署長を質権者とする裏書承諾等のある保険証券（又は保険契約証書）と質権設定承諾書
保証人の保証	(1)　個人保証の場合 　①　担保提供書 　②　納税証明書 　③　保証人の印鑑証明書 　④　保証人の土地、建物の登記事項証明書又は固定資産税評価証明書 　⑤　保証人の納税証明書又は源泉徴収票 (2)　法人保証の場合 　①　担保提供書 　②　納税証明書 　③　保証法人の印鑑証明書 　④　保証法人の商業登記事項証明書 　⑤　保証法人の最近における決算の貸借対照表及び損益計算書の写し

■図表2-16　担保提供書

担保提供書

年　　月　　日

税務署長　殿

担保提供者（納税者）住所（所在）＿＿＿＿

氏名（名称）＿＿＿＿㊞

納税換価の猶予に係る下記税金の担保として、次の物件を提供します。

猶予税額									担保物件の表示
年度	税目	納期限	本税	加算税	延滞税	利子税	滞納処分費	備考	
		・　・		円	法律による金額 円	円	法律による金額 円	円	
		・　・			〃		〃		
		・　・			〃		〃		
		・　・			〃		〃		
		・　・			〃		〃		

納税換価の猶予に係る上記税金の納税担保として、上記物件の提供を承諾します。

年　　月　　日

担保物件の所有者　住所（所在）＿＿＿＿

氏名（名称）＿＿＿＿㊞

添付書類	

Ⅳ　非上場株式等の納税猶予

非上場株式等については、一定期限までその課税価格の8割を納税猶予する制度、いわゆる事業承継税制がありますが、同税制の適用を受けるために準備しておくべきことは何ですか。

1　非上場株式等の相続税の納税猶予・免除制度の全体像

　一定の要件を満たす非上場会社の被相続人が所有していた株式等を経営承継相続人が相続等によって取得した場合には、**後継者が被相続人の死亡後5カ月を経過する日までに代表権を保有し**、会社が認定申請書を地方経済産業局に提出し、経済産業大臣から認定を受けると次の「非上場株式等の相続税の納税猶予・免除制度の全体像」にあるように「非上場株式等の相続税の納税猶予・免除制度」の適用を受けることができます。

　なお、非上場株式等の納税猶予・免除の特例についての詳細については『Q&A事業承継税制徹底活用マニュアル改訂版』(ぎょうせい・今仲清著・平成27年9月刊) を参考にしてください。

■図表2-17　非上場株式等の相続税の納税猶予・免除制度の全体像

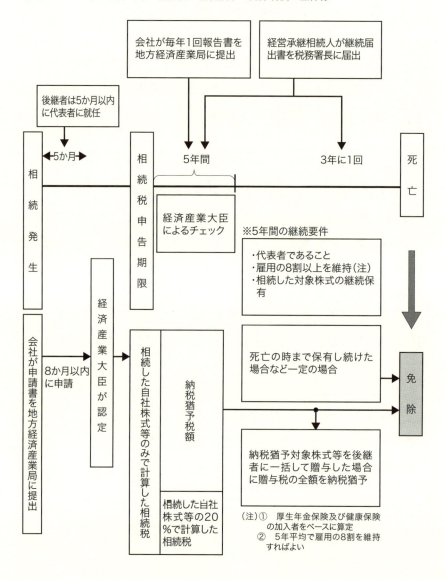

② 経済産業大臣への認定申請書

　先代経営者が死亡すると、経営承継相続人が先代経営者の死亡した日から5か月以内に代表者に就任した上で、同日から8か月以内に会社が経済産業局に認定申請書を提出しなければなりません。認定申請書の記載事例は**図表2-18**の通りですが、認定申請には次の書類が必要となります。

① 遺言書又は遺産分割協議書の写し
② 相続税額の見込み額を記載した書類
③ 上場会社等又は風俗営業会社に該当しないことの誓約書
④ 貸借対照表及び損益計算書
⑤ 従業員数証明書
⑥ 生計を一にする親族でないことを説明する書類
⑦ 商品販売等に係る契約書等
⑧ 事務所などとして使用している不動産の登記事項証明書、賃貸借契約書など
⑨ 会社の登記事項証明書
⑩ 株主名簿（株式会社）又は定款（持分会社）
⑪ 被相続人の戸籍謄本等
⑫ 認定申請日における株主名簿（株式会社）又は定款（持分会社）
⑬ 会社の定款

■図表2-18　認定申請書記載例

様式第8

認定申請書
（施行規則第6条第1項第8号の事由に該当する場合）

平成27年11月1日

経済産業大臣名　殿

　　　　　　　　　　　　　　　郵便番号　〇〇〇-〇〇〇〇
　　　　　　　　　　　　　　　会社所在地　××県〇〇市△△町1-1
　　　　　　　　　　　　　　　会　社　名　株式会社ＡＢＣ製作所
　　　　　　　　　　　　　　　電話番号　〇〇〇-〇〇-〇〇〇〇
　　　　　　　　　　　　　　　代表者の氏名　甲　野　鉄　平　印

　中小企業における経営の承継の円滑化に関する法律第12条第1項の認定（同法施行規則第6条第1項第8号の事由に係るものに限る。）を受けたいので、下記のとおり申請します。

記

1　特別相続認定中小企業者について

主たる事業内容		自動車部品製造業	
資本金の額又は出資の総額		50,000,000	円
相続の開始の日		平成27年 4月10日	
相続認定申請基準日		平成27年 9月10日	
常時使用する従業員の数		相続の開始の時	相続認定申請基準日
		(a)+(b)+(c)-(d)　155人	(e)+(f)+(g)-(h)　150人
	厚生年金保険の被保険者の数	(a)　147人	(e)　143人
	70歳以上75歳未満である健康保険の被保険者の数（*1）	(b)　10人	(f)　7人
	70歳以上であって(*1)に該当しない常時使用する従業員の数	(c)　3人	(g)　5人
	役員（使用人兼務役員を除く。）の数	(d)　5人	(h)　5人
施行規則第16条の確認（施行規則第17条第1項又は第2項の変更の確認をした場合には変更後の確認）に係る確認事項	確認の有無		有□　無□
	確認の年月日及び番号		年　月　日（　　号）
	特定代表者の氏名		
	特定後継者の氏名		
	新たに特定後継者となることが見込まれる者の氏名		
相続認定申請基準事業年度（26年4月1日から27年3月31日まで）における特定資産等に係る明細表			

種別		内容	利用状況		帳簿価額	運用収入
有価証券		特別子会社の株式又は持分（(*2)を除く。）			(1) 円	(12) 円
		資産保有型子会社又は資産運用型子会社に該当する特別子会社の株式又は持分(*2)			(2) 円	(13) 円
		特別子会社の株式又は持分以外のもの	㈲ABC商事		(3) 100万円	(14) 3万円
不動産		現に自ら使用しているもの	土地建物	本社・工場	(4) 1億円	(15) 円
		現に自ら使用していないもの			(5) 円	(16) 円
ゴルフ場その他の施設の利用に関する権利		事業の用に供することを目的として有するもの			(6) 円	(17) 円
		事業の用に供することを目的としないで有するもの	ゴルフ会員権	接待用	(7) 500万円	(18) 円
絵画、彫刻、工芸品その他の有形の文化的所産である動産、貴金属及び宝石		事業の用に供することを目的として有するもの			(8) 円	(19) 円
		事業の用に供することを目的としないで有するもの			(9) 円	(20) 円
現金、預貯金等		現金及び預貯金その他これらに類する資産	運転資金		(10) 1億円	(21) 3万円
		経営承継相続人及び当該経営承継相続人に係る同族関係者等（施行規則第1条第12項第2号ホに掲げる者をいう。）に対			(11) 円	(22) 円

	する貸付金及び未収金その他これらに類する資産		
特定資産の帳簿価額の合計額	(23)=(2)+(3)+(5)+(7)+(9)+(10)+(11) 1億600万円	特定資産の運用収入の合計額	(25)=(13)+(14)+(16)+(18)+(20)+(21)+(22) 6万円
資産の帳簿価額の総額	(24) 10億6,000万円	総収入金額	(26) 85億1,500万円
相続認定申請基準事業年度終了の日以前の5年間（相続の開始の日前の期間を除く。）に経営承継相続人及び当該経営承継相続人に係る同族関係者に対して支払われた剰余金の配当等及び損金不算入となる給与の金額		剰余金の配当等	(27) 0円
		損金不算入となる給与	(28) 0円
特定資産の帳簿価額等の合計額が資産の帳簿価額等の総額に対する割合	(29)=((23)+(27)+(28))/((24)+(27)+(28)) 10%	特定資産の運用収入の合計額が総収入金額に占める割合	(30)=(25)/(26) 0%
会社法第108条第1項第8号に掲げる事項について定めがある種類の株式(*3)の発行の有無			有□　無☑
(*3)を発行している場合にはその保有者	氏名（会社名）	住所（会社所在地）	
総収入金額（営業外収益及び特別利益を除く。）			円

2　被相続人及び経営承継相続人について

総株主等議決権数	相続の開始の直前	(a)	50,000	個
	相続の開始の時	(b)	50,000	個
	氏名	甲野太郎		
	最後の住所	××県○○市△△町1-5		
	相続の開始の日の年齢	65歳		
	代表者であった時期	平成元年10月1日から27年4月10日		
	代表者であって、同族関係者と合わせて申請者の総株主等議決権数の100分の50を超える数を有し、かつ、いずれの同族関係者（経営承継相続人となる者を除く。）が有する議決権数をも下回っていなかった時期(*)	平成元年10月1日から27年4月10日		
	(*)の時期における総株主等議決権数	(c)	50,000	個

被相続人	(*)の時期における同族関係者との保有議決権数			(d)+(e) ((d)+(e))／(c)	40,000 個 80 ％
	(*)の時期における保有議決権数及びその割合			(d) (d)／(c)	35,000 個 80 ％
	(*)の時期における同族関係者	氏名（会社名）	住所（会社所在地）	保有議決権数及びその割合	
				(e) (e)／(c)	個 ％
	相続の開始の直前における同族関係者との保有議決権数の合計及びその割合			(f)+(g) ((f)+(g))/(a)	40,000 個 80 ％
	相続の開始の直前における保有議決権数及びその割合			(f) (f)/(a)	35,000 個 70 ％
	相続の開始の直前における同族関係者	氏名(会社名)	住所(会社所在地)	保有議決権数及びその割合	
		甲野一郎	××県○○市□□町10-10	(g) (g)/(a)	5,000 個 10 ％
経営承継相続人	氏名			甲野鉄平	
	住所			××県○○市△△町5-5	
	相続の開始の直前における被相続人との関係（親族内・外）			長男	
	相続の開始の日の翌日から5月を経過する日における代表者への就任の有無			☑有 □無	
	相続の開始の直前における役員への就任の有無			☑有 □無	
	相続の開始の時における同族関係者との保有議決権数の合計及びその割合			(h)+(i)+(j) ((h)+(i)+(j))/(b)	40,000 個 80 ％
	保有議決権数及びその割合	相続の開始の直前	(h) (h)/(a)	0 個 0 ％	被相続人から相続又は遺贈により取得した数(*1) (i) 35,000個
		相続の開始の時	(h)+(i) 35,000個 ((h)+(i))/(b) 70 ％		
		(*1)のうち租税特別措置法第70条の7の2第1項の適用を受けようとする株式等に係る数(*2)			33,333 個
		(*2)のうち相続認定申請基準日までに譲渡した数			0 個

	相続の開始の時における同族関係者	氏名(会社名)	住所(会社所在地)	保有議決権数及びその割合	
		甲野　一郎	××県○○市 □□町10－10	(j) (j)/(b)	5,000 個 10 ％

3　相続の開始の時以後における特別子会社について

区分	特定特別子会社に　該当　/　非該当	
会社名		
会社所在地		
主たる事業内容		
資本金の額又は出資の総額		円
総株主等議決権数	(a)	個
株主又は社員	氏名（会社名）	住所（会社所在地）	保有議決権数及びその割合	
			(b) (b)/(a)	個 ％

(備考)
1　用紙の大きさは、日本工業規格A4とする。
2　記名押印については、署名をする場合、押印を省略することができる。
3　申請書の写し及び施行規則第7条第3項各号に掲げる書類を添付する。
4　施行規則第6条第2項の規定により申請者が資産保有型会社又は資産運用型会社に該当しないものとみなされた場合には、その旨を証する書類を添付する。
5　相続認定申請基準事業年度終了の日において申請者に特別子会社がある場合にあっては特別子会社に該当する旨を証する書類、当該特別子会社が資産保有型会社又は資産運用型会社に該当しないとき（施行規則第6条第2項の規定によりそれぞれに該当しないものとみなされた場合を含む。）には、その旨を証する書類を添付する。

(記載要領)
1　「施行規則第16条の確認（施行規則第17条第1項又は第2項の変更の確認をした場合には変更後の確認）に係る確認事項」については、当該確認を受けていない場合には「確認の有無」以外は空欄とする。「新たに特定後継者となることが見込まれる者」については、当該確認を受けている場合であって該当する者がいないときには空欄とする。
2　単位が「％」の欄は小数点第1位までの値を記載する。
3　「相続認定申請基準事業年度（　年　月　日から　年　月　日まで）における特定資産等に係る明細表」については、相続認定申請基準事業年度に該当する事業年度が複数ある場合には、その事業年度ごとに同様の表を記載する。「特定資産」又は「運用収入」については、該当するものが複数ある場合には同様の欄を追加して記載する。
4　「損金不算入となる給与」については、法人税法第34条及び第36条の規定により申請者の各事業年度の所得の金額の計算上損金の額に算入されないこととなる給与（債務の免除による利益その他の経済的な利益を含む。）の額を記載する。
5　「(*3)を発行している場合にはその保有者」については、申請者が会社法第108条第1項第8号

に掲げる事項について定めがある種類の株式を発行している場合に記載し、該当する者が複数ある場合には同様の欄を追加して記載する。
6 「総収入金額（営業外収入及び特別利益を除く）」については、会社計算規則（平成18年法務省令第13号）第88条第1項第4号に掲げる営業外収益及び同項第6号に掲げる特別利益を除いて記載する。
7 「相続の開始の直前における保有議決権数の合計及びその割合」については、平成21年3月31日までに経営承継相続人がその被相続人から申請者の株式等を贈与により取得した場合であって、当該株式等が選択特定受贈同族会社株式等又は選択特定同族株式等であるときは、当該株式等（当該経営承継相続人が引き続き有している株式等に限る。）に係る議決権数及びその割合を加算して記載する。この場合、その旨を証する書類を添付する。
8 「同族関係者」については、該当する者が複数ある場合には同様の欄を追加して記載する。
9 「被相続人から相続又は遺贈により取得した数」については、相続の開始の時以後のいずれかの時において申請者が合併により消滅した場合にあっては当該合併に際して交付された吸収合併存続会社等の株式等（会社法第234条第1項の規定により競売しなければならない株式を除く。）に係る議決権の数、相続の開始の時以後のいずれかの時において申請者が株式交換等により他の会社の株式交換完全子会社等となった場合にあっては当該株式交換等に際して交付された株式交換完全親会社等の株式等（会社法第234条第1項の規定により競売しなければならない株式を除く。）に係る議決権の数とする。
10 「特別子会社」については、相続の開始の時以後において申請者に特別子会社がある場合に記載する。特別子会社が複数ある場合には、それぞれにつき記載する。「株主又は社員」が複数ある場合には、同様の欄を追加して記載する。
11 申請者が施行規則第6条第3項に該当する場合には、「相続の開始」を「贈与」と読み替えて記載する。ただし、「相続の開始の日の翌日から5月を経過する日における代表者への就任」は「贈与の時における代表者への就任」、「相続の開始の直前における役員への就任」は「贈与の日前3年以上にわたる役員への就任」と読み替えて記載する。

■図表2-19　認定申請書添付書類一覧

要件（施行規則第6条第1項第8号）		添付書類（第7条第3項）
施行規則第6条第1項第8号柱書	当該中小企業者の株式等に係る相続税を納付することが見込まれること。	・遺言書の写し、遺産分割協議書の写し、又は、それらが無い場合は、その他の当該株式等の取得の事実を証する書類、相続税の見込額を記載した書類［第4号］
イ	上場会社等又は風俗営業会社に該当しないこと。	・誓約書［第7号］
ロ	資産保有型会社に該当しないこと。	・貸借対照表［第6号］
ハ	資産運用型会社に該当しないこと。	・損益計算書［第6号］
	（施行規則第6条第2項） 一　常時使用する従業員（経営承継相続人及びこれらの者と生計を一にする親族を除きます。）の数が5人以上であること。	・従業員数証明書［第5号］ ・生計を一にする親族ではないことを説明する書類［第11号］
	二　事務所、店舗、工場その他これらに類するものを所有し、又は賃借していること。	・固定施設に係る登記事項証明書、賃貸借契約など［第11号］
	三　当該相続の開始の時まで引き続き3年以上にわたり、次に掲げるいずれかの業務をしていること。	
	イ　商品販売等（経営承継相続人及びその同族関係者に対する資産の貸付けは除きます。）	・商品販売等に係る契約書など［第11号］
	ロ　商品販売等を行うために必要となる資産の所有又は賃借	・事務所などとして使用している不動産の登記事項証明書、賃貸借契約書など［第11号］
	ハ　イ及びロに掲げる業務に類するもの	
ニ	総収入金額（営業外収益及び特別利益を除きます。）が零を超えること。	・損益計算書［第6号］
ホ	常時使用する従業員の数が1人以上（一定の場合には5人以上）であること。	・従業員数証明書［第5号］ ・誓約書［第8号］
ヘ	特定特別子会社が上場会社等、大会社又は風俗営業会社に該当しないこと。	・誓約書［第8号］

要件（施行規則第6条第1項第8号）		添付書類（第7条第3項）
ト	代表者が経営承継相続人（次の(1)～(7)のいずれにも該当する者）に該当すること。	
	(1) 相続又は遺贈により当該中小企業者の株式等を取得した代表者（代表権を制限されている者を除く。）であって、相続開始時以後において、同族関係者と合わせて議決権の過半数を有し、かつ、同族関係者中筆頭である者であること。	・登記事項証明書［第3号］ ・遺産分割協議書、遺言書など［第4号］ ・株主名簿（株式会社）又は定款（持分会社）［第2号］
	(2) 削除	
	(3) 相続開始直前において、当該中小企業者の役員であったこと（代表者の被相続人が60歳未満で死亡した場合を除く。）。	・登記事項証明書［第3号］ ・戸籍謄本等［第9号］
	(4) 相続開始の時以後において、代表者が被相続人から相続又は遺贈により取得した当該中小企業者の株式等のうち納税猶予の適用を受けようとする株式等の全部を有していること。	・認定申請日における株主名簿（株式会社）又は定款（持分会社）［第2号］
	(5) 削除	
	(6) 代表者の被相続人が、相続開始直前等に、同族関係者と合わせて議決権の過半数を有し、かつ、同族関係者（経営承継相続人となる者を除く。）中筆頭であったこと。	・株主名簿（株式会社）又は定款（持分会社）［第2号］
	(7) 当該中小企業者が特別贈与認定中小企業者等である場合にあっては、当該代表者の被相続人が当該特別贈与認定中小企業者等の経営承継贈与者でなかったこと。	・当該贈与にかかる認定書［第11号］
チ	代表者以外の者が拒否権付株式（黄金株）を有していないこと。	・定款［第1号］ ・株主名簿［第2号］ ・登記事項証明書［第3号］
リ	相続認定申請基準日における常時使用する従業員の数が、相続開始時の80％を下回らないこと。	・従業員数証明書［第5号］

3 非上場株式等の相続税の納税猶予・免除制度の適用を受けるために必要な書類

非上場株式等の相続税の納税猶予・免除制度の適用を受けるための手続きに当たっては、経済産業大臣の認定を受けるための認定申請書に添付した書類と同じものが主体ですが、認定書の写しを添付します（図表2-18、2-19参照）。

① 登記事項証明書
② 定款の写し
③ 株主名簿の写し
④ 戸籍謄本又は抄本など
⑤ 認定書の写し
⑥ 貸借対照表・損益計算書
⑦ 遺言書の写し又は遺産分割協議書の写し
　※　贈与税の納税猶予の適用を受けていた場合
⑧ 特定受贈同族会社株式等・特定同族会社株式等についての相続税の納税猶予の適用に関する届出書
⑨ 贈与を受けてから一定の期間の登記事項証明書、定款の写し
⑩ 平成21年改正前の場合……確認書の写し

第2章 特例適用のための準備編

■図表2-20　非上場株式等についての相続税の納税猶予及び免除の特例のチェックシート
　　　　　（平成27年1月1日以降用）

1　このチェックシートは、非上場株式等についての相続税の納税猶予及び免除の特例の適用を受けるための適用要件及び添付書類を確認する際に使用してください。
2　「確認結果」欄の左側のみに○がある場合には、原則としてこの特例の適用を受けることができます。
3　このチェックシートは、申告書の作成に際して、特例の適用に係る会社ごとに適用要件等を確認の上、申告書に添付してご提出ください。
4　被相続人からの贈与により非上場株式等を取得している場合において当該贈与の日の属する年に当該被相続人の相続が開始したことによりこの特例の適用を受ける場合や「非上場株式等の贈与者が死亡した場合の相続税の納税猶予及び免除」の特例を受ける場合には、このチェックシートは使用できません。詳しくは税務署にお尋ねください。
5　被相続人から過去に贈与により取得した特定受贈同族会社株式等又は特定同族株式等についてこの特例の適用を受ける場合には、2面（110ページ）の要件も確認してください。

特例の適用に係る会社の名称：

項目		確認内容（適用要件）	確認結果		確認の基となる資料
被相続人	相続開始前のいずれかの日	○　会社の代表権（制限が加えられたものを除きます。以下同じです。）を有していたことがありますか。	はい	いいえ	○　登記事項証明書、定款の写しなど
	相続開始の直前（注1）	①　被相続人及び被相続人と特別の関係がある者がその会社の総議決権数の50%超の議決権数を保有していますか。(注2)・(注3)	はい	いいえ	○　株主名簿の写し、定款の写し、戸籍謄本又は抄本など
		②　被相続人が被相続人及び被相続人と特別の関係がある者（後継者を除きます。）の中で最も多くの議決権数を保有していますか。(注2)・(注3)	はい	いいえ	○　株主名簿の写し、定款の写し、戸籍謄本又は抄本など
後継者（相続人等）	相続開始の直前	○　会社の役員ですか（被相続人が60歳未満で死亡した場合等を除きます。）。	はい	いいえ	○　登記事項証明書、定款の写しなど
	相続開始の日の翌日から5か月を経過する日	○　会社の代表権を有していますか。	はい	いいえ	○　登記事項証明書、定款の写しなど
	相続開始の時	①　後継者及び後継者と特別の関係がある者がその会社の総議決権数の50%超の議決権数を保有していますか。(注2)・(注3)	はい	いいえ	○　株主名簿の写し、定款の写し、戸籍謄本又は抄本など
		②　後継者が後継者及び後継者と特別の関係がある者の中で最も多くの議決権数を保有していますか。(注2)・(注3)	はい	いいえ	○　株主名簿の写し、定款の写し、戸籍謄本又は抄本など
	相続開始の時から申告期限まで	○　特例非上場株式等の全てを保有していますか。(注4)	はい	いいえ	○　相続税の申告書第8の2表の付表1など

会社	相続開始の時	① 経済産業大臣の認定を受けていますか。	はい	いいえ	○ 認定書の写し
		② 中小企業者ですか。	はい	いいえ	
		③ 非上場会社ですか。	はい	いいえ	
		④ 風俗営業会社には該当していませんか。	はい	いいえ	
		⑤ 特定特別関係会社が風俗営業会社には該当していませんか。また、特定特別関係会社は中小企業者であり、かつ、非上場会社ですか。(注5)	はい	いいえ	
		⑥ 常時使用従業員の数は1名以上ですか。なお、特例の適用に係る会社の特別関係会社が会社法第2条第2号に規定する外国会社に該当する場合には、常時使用従業員の数は5名以上ですか。(注6)・(注7)	はい	いいえ	○ 従業員数証明書
		⑦ 一定の資産保有型会社又は資産運用型会社に該当していませんか。(注8)	はい	いいえ	○ 貸借対照表・損益計算書など
		⑧ 一定の事業年度の総収入金額は零を超えていますか。(注9)	はい	いいえ	○ 損益計算書など
		⑨ 会社法第108条第1項第8号に規定する種類の株式を発行している場合は、後継者のみが保有していますか。	はい	いいえ	○ 株主名簿の写し、定款の写し、登記事項証明書など
		⑩ 現物出資等資産の割合は70％未満ですか。	はい	いいえ	○ 相続税の申告書第8の2表の付表1など

被相続人氏名　　　　　　　　　　　　　　　
相続人代表
住　　所
氏　　名
　　　　電話　　（　　）

関与税理士　所在地
　　　　氏名
　　　　電話

(注) 1　被相続人が相続開始の直前において代表権を有していない場合には、代表権を有していた期間のいずれかの日についても判定が必要となります。
2　特別の関係がある者とは、租税特別措置法施行令第40条の8の2第11項に定める特別の関係がある者をいいます。
3　「総議決権数」及び「議決権数」には、株主総会等において議決権を行使できる事項の一部について制限がある株式等の議決権数及び株主総会等において議決権を行使できる事項の一部について制限がある株主等が有する株式等の議決権数を含みます。
4　特例非上場株式等とは、租税特別措置法第70条の7の2第1項に規定する株式等をいいます。
5　特定特別関係会社とは、租税特別措置法施行令第40条の8の2第9項に規定する会社をいいます。
6　特別関係会社とは、租税特別措置法施行令第40条の8の2第8項に規定する会社をいいます。
7　会社又は会社との間に支配関係（会社が他の法人の発行済株式等（他の法人が有する自己の株式等を除きます。）の総数等の100分の50を超える数等の株式等を直接又は間接に保有する関係として租税特別措置法施行令第40条の8第8項に定める関係をいいます。）がある法人がその外国会社の株式等を有する場合に限ります。
8　一定の資産保有型会社又は資産運用型会社とは、租税特別措置法施行令第40条の8の2第7項に規定する会社をいいます。
9　一定の事業年度の総収入金額とは、租税特別措置法施行令第40条の8の2第10項第1号に規定する総収入金額をいいます。

○この特例の適用を受ける場合には、次に掲げる書類を提出してください。(注) 担保関係書類が別途必要となります。

	提出書類	チェック欄
1	会社の株主名簿の写しなど、相続開始の直前及び相続開始の時における会社の全ての**株主又は社員の氏名等及び住所等並びにこれらの者が有する株式等に係る議決権の数が確認できる書類等**(その会社が証明したものに限ります。)	☐
2	相続開始の時における会社の**定款の写し**(会社法その他の法律の規定により定款の変更をしたものとみなされる事項がある場合には、当該事項を記載した書面を含みます。)	☐
3	遺言書の写し又は遺産分割協議書の写し並びに相続人全員の印鑑証明書(遺産分割協議書に押印したもの)	☐
4	中小企業における経営の承継の円滑化に関する法律(以下「円滑化法」といいます。)施行規則第7条第4項の経済産業大臣の**認定書の写し**及び同条第3号の**申請書の写し**(租税特別措置法第70条の7の2第2項第3号イからホまでに掲げる要件の全てを満たす者が2人以上ある場合には、認定承継会社が定めた1人の者の記載があるものに限ります。)	☐
5	会社が租税特別措置法第70条の7の2第2項第5号イに規定する外国会社又は租税特別措置法施行令第40条の8の2第12項に規定する法人の株式等を有する場合には、相続の開始の日の属する事業年度の直前の事業年度(資産保有型会社又は資産運用型会社に該当する場合は、相続開始の日の3年前の日の属する事業年度から相続開始の日の属する事業年度の直前の事業年度までの各事業年度)の**貸借対照表及び損益計算書**	☐

※ 被相続人から過去に贈与により取得した特定受贈同族会社株式等又は特定同族株式等についてこの特例の適用を受ける場合に1面（107〜108ページ）と併せて確認してください。

項目	確認内容（適用要件）	確認結果		確認の基となる資料
特定受贈同族会社株式等・特定同族株式等	① 平成22年3月31日までに後継者の納税地の所轄税務署長に、この特例の適用を受けようとする旨その他一定の事項を記載した届出書を提出していますか。	はい	いいえ	○ 特定受贈同族会社株式等・特定同族株式等についての相続税の納税猶予の適用に関する届出書
	② 後継者は、贈与の時から相続税の申告期限までの間のうち一定期間、役員等に就いていますか。	はい	いいえ	○ 登記事項証明書、定款の写しなど
	③ 特例の適用を受けることを選択した特定受贈同族会社株式等又は特定同族株式等の全てを贈与の時から相続税の申告期限までの間保有していますか。	はい	いいえ	○ 株主名簿の写しなど
特定同族株式等	○ 後継者が所得税法等の一部を改正する法律（平成21年法律第13号）による改正前の租税特別措置法第70条の3の3第3項第4号に規定する確認日の翌日から2か月を経過する日までに、同条第1項に規定する確認書を後継者の納税地の所轄税務署長に提出していますか。	はい	いいえ	○ 確認書の写し

○ この特例の適用を受ける場合には、次に掲げる書類を上記に掲げる提出書類と併せて提出してください。

提出書類	チェック欄
後継者（相続人等）が、贈与の時から相続税の申告期限までの間のうち一定期間、役員等に就いていたことを明らかにする書類	□

（注）特定同族株式等の贈与者が死亡した場合には、上記の書類の提出は必要ありません。

第3章

税額計算等編

I　基礎控除額

■図表3-1　基礎控除額

検　討　内　容	検討済(✓)	検　討　資　料	検討資料（又は写し）の添付
① 法定相続人数は戸籍謄本等で確認しましたか。	☐	○　戸籍の謄本	有（　部）・無
② 代襲相続人はいませんか。	☐		有（　部）・無
③ 養子縁組（又は取消）した人はいませんか。	☐		有（　部）・無
④ 法定相続人の数に含める養子の数は確認しましたか（実子がいる場合には1人、実子がいない場合には2人となります。）。	☐		有（　部）・無

Q 相続税の税額計算における基礎控除額の該当人数を把握するために準備しておくべきことは何ですか。

A ....

 基礎控除額の確定

　被相続人の戸籍謄本を出生にまで遡って、つながっている戸籍謄本、除籍謄本及び改製原戸籍謄本等々によって法定相続人を確定します。養子縁組も確認できますので、養子を法定相続人に加算する際に実子がいる場合には1人、実子がいない場合には2人であることを確実に計算します。

　なお、基礎控除額は次のように計算します（平成27年1月1日以降の相続等）。

　基礎控除額＝3,000万円＋600万円×法定相続人の数

II 【税額計算等】税額加算

■図表3-2　税額加算

検討内容	検討済(✓)	検討資料	検討資料(又は写し)の添付
① 相続人以外で遺贈・死因贈与により財産を取得された方はいませんか。	□	○ 遺言書、贈与契約書	有（　部）・無
② 相続又は遺贈により財産を取得した者が孫（代襲相続人を除きます。）や兄弟姉妹、受遺者等の場合は、税額の2割加算をしていますか。	□		有（　部）・無

Q 相続税の税額計算において2割加算の対象となるのはどのような場合で、どのように確認したらいいですか。

A

 税額加算

　相続又は遺贈により財産を取得した者が孫（代襲相続人を除きます。）や兄弟姉妹、受遺者の場合には相続税額に対して2割の金額が税額に加算されます。法定相続人の確認とともに遺言書、贈与契約書によってその確認を行います。

III 【税額計算等】税額計算・税額控除

■図表3-3 税額計算・税額控除

検討内容	検討済(✓)	検討資料	検討資料(又は写し)の添付
○ 法定相続分の計算は正しくされていますか(特に相続人に代襲相続人がいる場合)。	□		有（　部）・無
○ 贈与税額控除、未成年者控除、障害者控除や相次相続控除などの控除額に誤りはありませんか。	□	○ 贈与税の申告書（控）、障害者手帳、戸籍の謄本、相続税の申告書	有（　部）・無

Q 相続税の税額計算における税額計算や税額控除の際に注意すべきポイントは何ですか。

A

 税額控除

　相続税額から控除される「贈与税額控除」「未成年者控除」「障害者控除」「相次相続控除」は、それぞれ「贈与税申告書控え」「戸籍の謄本」「障害者手帳」及び「被相続人が相続した際の相続税申告書の控えの写し」を基に計算します。

　これらを相続税申告書に添付します。

Ⅳ 【税額計算等】配偶者の税額軽減

■図表3-4　配偶者税額軽減

	検討内容	検討済(✓)	検討資料	検討資料(又は写し)の添付
分割済	① 遺言書又は遺産分割協議書の写しを添付しましたか。	□	○ 遺言書又は遺産分割協議書の写し	有（　部）・無
	② 共同相続人等全員（特別代理人がいる場合には、特別代理人を含みます。）の印鑑証明書を添付しましたか。	□	○ 印鑑証明書	有（　部）・無
未分割	○ 「申告期限後3年以内の分割見込書」を添付していますか。	□	○ 申告期限後3年以内の分割見込書	有（　部）・無

Q 被相続人の配偶者が相続財産を取得した場合の税額軽減制度を適用するに当たっての注意すべきポイントは何ですか。

A

配偶者の税額軽減

　配偶者の税額軽減は、配偶者が取得した財産について適用されますので、未分割財産については配偶者の税額軽減の対象となりません。
　配偶者の税額軽減の適用を受けるには、遺言書又は遺産分割協議書の写しが必要となります。
　また、配偶者に対する相続税額の軽減、小規模宅地等、特定計画山林及び農地等の納税猶予の特例の適用を受ける場合は、共同相続人等全員（特別代理人がいる場合には、特別代理人を含みます。）の「印鑑証明書」の原本の提出が必要です。
　なお、次の金額のどちらか多い金額までは配偶者に相続税はかからな

いという制度です。

① 1億6,000万円
② 配偶者の法定相続分相当額

第4章
延納・物納編

I 延納

Q 相続税の申告書を提出する際には、計算した相続税額を併せて納付する必要がありますが、一度に金銭納付できない場合には延納制度があると聞きました。延納制度の適用を受けるために何を準備すればよいですか。

A

1 延納の概要

　国税は、金銭で一時に納付することが原則ですが、申告又は更正・決定により納付することになった相続税額（贈与税額）が10万円を超え、納期限までに、又は納付すべき日に金銭で納付することを困難とする事由がある場合には、その納付を困難とする金額を限度として、『延納申請書』を提出の上、担保を提供することにより、年賦で納めること（延納）ができます。この延納期間中は利子税がかかります。

2 延納の要件

① 相続税額（贈与税額）が10万円を超えていること
② 金銭で納付することが困難な金額の範囲内であること
③ 『延納申請書』及び『担保提供関係書類』を期限までに提出すること
④ 延納税額に相当する担保を提供すること（延納税額が100万円以下で、かつ、延納期間が3年以下である場合は担保を提供する必要はありません。）。

第**4**章 延納・物納編

③ 延納手続の流れ

次のようなフローとなります。

■図表4-1　延納手続の流れ

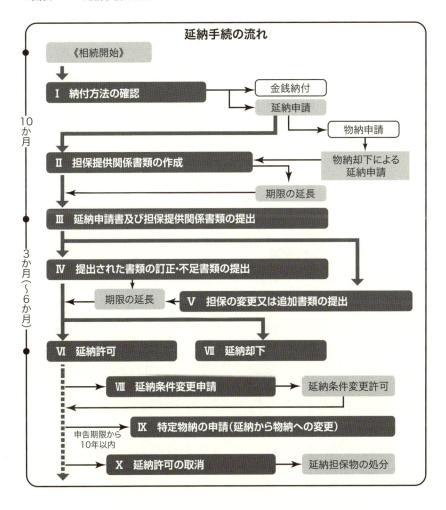

4　延納の必要書類

延納手続に必要な書類は、次の通りです。

① 『相続税（贈与税）延納申請書』
② 『各種確約書』
③ 『金銭納付を困難とする理由書』（当該理由書の作成に当たり使用した資料の写しを添付します。）
④ 『延納申請書別紙（担保目録及び担保提供書）』（担保財産の種類に応じて様式が異なります。）
⑤ 『不動産等の財産の明細書』
⑥ 『担保提供関係書類』
⑦ 担保提供関係書類が提出できない場合は『担保提供関係書類提出期限延長届出書』

5　延納に必要な添付書類

上記の書類に添付しなければならない書類には、次のようなものがあります。

① 土地を担保とする場合
- 登記事項証明書
- 固定資産税評価証明書
- 抵当権設定登記承諾書
- 印鑑証明書

② 建物を担保とする場合
- 登記事項証明書
- 固定資産税評価証明書
- 抵当権設定登記承諾書
- 印鑑証明書
- 裏書承認等のある保険証券等

③ 登録国債を担保とする場合
- 登録済通知書

④ 個人保証人
- 納税保証書
- 保証人の印鑑証明書
- 保証人の土地・建物の登記事項証明書及び固定資産税評価証明書
- 保証人の納税証明書又は源泉徴収票

⑤ 上場株式を担保とする場合
- 上場株式の所有者の振替口座簿の写し

⑥ 法人保証人
- 納税保証書
- 法人の印鑑証明書
- 保証法人の登記事項証明書
- 保証法人の最近における決算の貸借対照表及び損益計算書の写し
- 議事録の写し

⑦ 取引相場のない株式及び投資信託又は貸付信託の受益証券
- 供託書正本

⑧ 個人番号
納税者本人の個人番号カードの写し、又は納税者本人の通知カードの写しと免許証など写真付き身分証明書の写し

⑨ 源泉徴収票等
前年の確定申告書の写し、収支内訳書の写し又は源泉徴収票の写し

■図表4-2 相続税延納申請書

相続税延納申請書

(税務署収受印)

税務署長殿　　　　　　（〒　　　）

平成　年　月　日　　　住所　_____

フリガナ
氏名　_____㊞
番号 ｜｜｜｜｜
職業　_____　電話_____

下記のとおり相続税の延納を申請します。

記

1　延納申請税額

① 納付すべき相続税額	円
② ①のうち物納申請税額	
③ ①のうち納税猶予をする税額	
④ 差引（①－②－③）	
⑤ ④のうち現金で納付する税額	
⑥ 延納申請税額（④－⑤）	

2　金銭で納付することを困難とする理由

別紙「金銭納付を困難とする理由書」のとおり。

3　不動産等の割合

	区分	課税相続財産の価額 ③の税額がある場合には農業投資価格等によります。	割合
割合の判定	立木の価額	⑦	⑩（⑦／⑨）（端数処理不要）0.
	不動産等（⑦を含む。）の価額	⑧	⑪（⑧／⑨）（端数処理不要）0.
	全体の課税相続財産の価額	⑨	
割合の計算	立木の価額	⑫（千円未満の端数切捨て）　　　,000	⑮（小数点第三位未満切り上げ）（⑫／⑭）0.
	不動産等（⑦を含む。）の価額	⑬（千円未満の端数切捨て）　　　,000	⑯（小数点第三位未満切り上げ）（⑬／⑭）0.
	全体の課税相続財産の価額	⑭（千円未満の端数切捨て）　　　,000	

(作成税理士署名電話番号押印　事務所所在地)

4　延納申請税額の内訳　　　　　　　　　　　　　　　　　　　　5　延納申請年数　　6　利子税の割合

不動産等の割合（⑪）が75%以上の場合	不動産等に係る延納相続税額	④×⑯と⑥とのいずれか少ない方の金額	⑰（100円未満端数切り上げ）　00	（最高）20年以内	3.6
	動産等に係る延納相続税額	（⑥－⑰）	⑱	（最高）10年以内	5.4
不動産等の割合（⑪）が50%以上75%未満の場合	不動産等に係る延納相続税額	④×⑯と⑥とのいずれか少ない方の金額	⑲（100円未満端数切り上げ）　00	（最高）15年以内	3.6
	動産等に係る延納相続税額	（⑥－⑲）	⑳	（最高）10年以内	5.4
不動産等の割合（⑪）が50%未満の場合	立木に係る延納相続税額	④×⑮と⑥とのいずれか少ない方の金額	㉑（100円未満端数切り上げ）　00	（最高）5年以内	4.8
	その他の財産に係る延納相続税額	（⑥－㉑）	㉒	（最高）5年以内	6.0

(㊞)

7　不動産等の財産の明細　　　別紙不動産等の財産の明細書のとおり
8　担　保　　　　　　　　　別紙目録のとおり

	番号確認	身元確認	確認書類		郵送等年月日	担当者印
税務署整理欄		□ 済 □ 未済	個人番号カード／通知カード・運転免許証 その他（　　　　）		平成　年　月　日	

第4章 延納・物納編

9 分納税額、分納期限及び分納税額の計算の明細

> 1,000円未満の端数が生ずる場合には端数金額は第1回に含めます。

㉓ 期間	分納期限	延納相続税額の分納税額		分納税額計 (㉔+㉕)
		㉔ 不動産等又は立木に係る税額 (⑰÷「5」欄の年数)、(⑲÷「5」欄の年数)又は(㉑÷「5」欄の年数)	㉕ 動産等又はその他の財産に係る税額 (⑱÷「5」欄の年数)、(⑳÷「5」欄の年数)又は(㉒÷「5」欄の年数)	
第 1 回	平成　年　月　日	円	円	円
第 2 回	年　月　日	,000	,000	,000
第 3 回	年　月　日	,000	,000	,000
第 4 回	年　月　日	,000	,000	,000
第 5 回	年　月　日	,000	,000	,000
第 6 回	年　月　日	,000	,000	,000
第 7 回	年　月　日	,000	,000	,000
第 8 回	年　月　日	,000	,000	,000
第 9 回	年　月　日	,000	,000	,000
第10回	年　月　日	,000	,000	,000
第11回	年　月　日	,000		,000
第12回	年　月　日	,000		,000
第13回	年　月　日	,000		,000
第14回	年　月　日	,000		,000
第15回	年　月　日	,000		,000
第16回	年　月　日	,000		,000
第17回	年　月　日	,000		,000
第18回	年　月　日	,000		,000
第19回	年　月　日	,000		,000
第20回	年　月　日	,000		,000
計		(⑰、⑲又は㉑の金額)	(⑱、⑳又は㉒の金額)	(⑥の金額)

10 その他参考事項

右の欄の該当の箇所を○で囲み住所氏名及び年月日を記入してください。	被相続人、遺贈者	(住所)		
		(氏名)		
	相続開始・遺贈年月日		平成　年　月　日	
	申告(期限内、期限後、修正)、更正、決定年月日		平成　年　月　日	
	納期限		平成　年　月　日	
物納申請の却下に係る延納申請である場合は、当該却下に係る「相続税物納却下通知書」の日付及び番号			第　　　号 平成　年　月　日	

■図表4-3　各種確約書

氏　名　_____

各　種　確　約　書

　提供しようとする担保が以下に掲げるものである場合、担保の種類に応じて以下の確約が必要となりますので、該当する事項を確認した上、該当欄文頭の□にチェックしてください。
　なお、担保の種類が複数の場合、該当するすべての事項にチェックしてください。

【土地】

【抵当権設定手続関係書類提出確約書】
□　私の延納申請に関して、税務署長から次の書類の提出を求められた場合には、速やかに提出することを約します。
　1　担保（土地）所有者の抵当権設定登記承諾書
　2　担保（土地）所有者の印鑑証明書

【建物、立木、及び登記される船舶並びに登録を受けた飛行機、回転翼航空機及び自動車並びに登記を受けた建設機械（以下「建物等」という。）で保険に付したもの】

【抵当権設定手続関係書類提出確約書】
□　私の延納申請に関して、税務署長から次の書類の提出を求められた場合には、速やかに提出することを約します。
　1　担保（建物等）所有者の抵当権設定登記（登録）承諾書
　2　担保（建物等）所有者の印鑑証明書

【鉄道財団、工場財団、鉱業財団、軌道財団、運河財団、漁業財団、港湾運送事業財団、道路交通事業財団及び観光施設財団（以下「財団等」という。）】

【抵当権設定手続関係書類提出確約書】
□　私の延納申請に関して、税務署長から次の書類の提出を求められた場合には、速やかに提出することを約します。
　1　担保（財団等）所有者の抵当権設定登記（登録）承諾書
　2　担保（財団等）所有者の印鑑証明書

■図表4-4　金銭納付を困難とする理由書

金銭納付を困難とする理由書
（相続税延納・物納申請用）

平成　　年　　月　　日

税務署長　殿

住　所　＿＿＿＿＿＿＿＿＿＿＿＿＿＿＿

氏　名　＿＿＿＿＿＿＿＿＿＿＿㊞

平成　　年　　月　　日付相続（被相続人　　　　　　　）に係る相続税の納付については、納期限までに一時に納付することが困難であり、その納付困難な金額は次の表の計算のとおり延納によっても金銭で納付することが困難であり、　　　　　　　　　であることを申し出ます。

1	納付すべき相続税額（相続税申告書第1表㉔の金額）		A	円
2	納期限（又は納付すべき日）までに納付することができる金額		B	円
3	延納許可限度額	【A-B】	C	円
4	延納によって納付することができる金額		D	円
5	物納許可限度額	【C-D】	E	円

2 納期限（又は納付すべき日）までに納付することができる金額の計算	(1)	相続した現金・預貯金等		(イ+ロ-ハ)	【　　　円】	
		イ	現金・預貯金（相続税申告書第15表の金額）	（　　　円）		
		ロ	換価の容易な財産（相続税申告書第11表・第15表該当の金額）	（　　　円）		
		ハ	支払費用等	（　　　円）		
		内訳	相続債務（相続税申告書第15表㊲の金額）	［　　　円］		
			葬式費用（相続税申告書第15表㊴の金額）	［　　　円］		
			その他（支払内容：　　　）	［　　　円］		
			（支払内容：　　　）	［　　　円］		
	(2)	納税者固有の現金・預貯金等		(イ+ロ+ハ)	【　　　円】	
		イ	現金	（　　　円）	←裏面①の金額	
		ロ	預貯金	（　　　円）	←裏面②の金額	
		ハ	換価の容易な財産	（　　　円）	←裏面③の金額	
	(3)	生活費及び事業経費		(イ+ロ)	【　　　円】	
		イ	当面の生活費（3月分）			
			うち申請者が負担する額	（　　　円）	←裏面⑪の金額×3/12	
		ロ	当面の事業経費	（　　　円）	←裏面⑭の金額×1/12	
		Bへ記載する		【(1)+(2)-(3)】	B	【　　　円】

4 延納によって納付することができる金額の計算	(1)	経常収支による納税資金 （イ×延納年数（最長20年））＋ロ	【　　　円】	
		イ　裏面④-（裏面⑪+裏面⑭）	（　　　円）	
		ロ　上記2(3)の金額	（　　　円）	
	(2)	臨時的収入	【　　　円】	←裏面⑮の金額
	(3)	臨時的支出	【　　　円】	←裏面⑯の金額
		Dへ記載する　【(1)+(2)-(3)】　D		【　　　円】

添付資料
- □　前年の確定申告書（写）・収支内訳書（写）
- □　前年の源泉徴収票（写）
- □　その他（　　　　　　　　　　　　　　　　　　　　　　　　　　）

(裏面)

1　納税者固有の現金・預貯金その他換価の容易な財産

手持ちの現金の額					①	円
預貯金の額	/ （　　　円）		/ （　　　円）		②	円
	/ （　　　円）		/ （　　　円）			
換価の容易な財産	（　　　円）		（　　　円）		③	円
	（　　　円）		（　　　円）			

2　生活費の計算

給与所得者等：前年の給与の支給額		④	円
事業所得者等：前年の収入金額			
申請者　　　　　　　　　100,000 円 × 12		⑤	1,200,000 円
配偶者その他の親族　（　　　人）×45,000 円 × 12		⑥	円
給与所得者：源泉所得税、地方税、社会保険料（前年の支払額）		⑦	円
事業所得者：前年の所得税、地方税、社会保険料の金額			
生活費の検討に当たって加味すべき金額 　加味した内容の説明・計算等		⑧	円
生活費（1年分）の額　　（⑤＋⑥＋⑦＋⑧）		⑨	円

3　配偶者その他の親族の収入

氏名　　　　　　（続柄　　　）　前年の収入　（　　　円）		⑩	円
氏名　　　　　　（続柄　　　）　前年の収入　（　　　円）			
申請者が負担する生活費の額　⑨×（④／（④＋⑩））		⑪	円

4　事業経費の計算

前年の事業経費（収支内訳書等より）の金額		⑫	円
経済情勢等を踏まえた変動等の調整金額 　調整した内容の説明・計算等		⑬	円
事業経費（1年分）の額　　（⑫＋⑬）		⑭	円

5　概ね1年以内に見込まれる臨時的な収入・支出の額

臨時的収入	年　月頃（　　　円）	⑮	円
	年　月頃（　　　円）		
臨時的支出	年　月頃（　　　円）	⑯	円
	年　月頃（　　　円）		

■図表4-5 延納申請書別紙（担保目録及び担保提供書）：土地

延納申請書別紙（担保目録及び担保提供書：土地）

1　担保物件

土地の表示（所在、地番、地目、地積）	価　額	担保権等			
		債務金額	設定年月日	順位	権利者の住所氏名
	円				

2　担保提供書

　　以下の国税の担保として「1　担保物件」に記載した物件を提供します。

(1)　原　因　　平成____年____月____日_____による_____税及び利子税の額に対する延納担保

(2)　納税額　　　　　金_____円

　　　内訳　　　　____税額　金_____円

　　　　　　　　　　　及び利子税の額　金_____円

　　　延滞税の額　　国税通則法所定の額

(3)　担保所有者が納税者（延納申請者）以外の所有の場合

　　　　上記の担保の提供に同意します。

　　　　　　平成____年____月____日

　　　　　　　　　　　　　　住所_____

　　　　　　　　　　　　　　氏名_____㊞

■図表4-6　延納申請書別紙（担保目録及び担保提供書）：建物

延納申請書別紙（担保目録及び担保提供書：建物）

1　担保物件

建物の表示（所在、家屋番号、種類、構造、床面積）	価　額	担保権等			
		債務金額	設定年月日	順位	権利者の住所氏名
	円				

2　担保提供書

　　以下の国税の担保として「1　担保物件」に記載した物件を提供します。

(1)　原　因　　平成＿＿年＿＿月＿＿日＿＿＿による＿＿＿＿税及び利子税の額に対する延納担保

(2)　納税額　　　　金＿＿＿＿＿＿＿＿＿＿＿＿＿＿＿＿＿＿＿円

　　内訳　　　　　＿＿＿税額　金＿＿＿＿＿＿＿＿＿＿＿＿＿円
　　　　　　　　　及び利子税の額　金＿＿＿＿＿＿＿＿＿＿＿円

　　延滞税の額　　国税通則法所定の額

(3)　担保所有者が納税者（延納申請者）以外の所有の場合
　　　　上記の担保の提供に同意します。
　　　　　平成＿＿＿年＿＿＿月＿＿＿日
　　　　　　　　　　　　住所＿＿＿＿＿＿＿＿＿＿＿＿＿＿＿＿＿＿

　　　　　　　　　　　　氏名＿＿＿＿＿＿＿＿＿＿＿＿＿＿＿＿㊞

■図表4-7　延納申請書別紙（担保目録及び担保提供書）：有価証券

延納申請書別紙（担保目録及び担保提供書：有価証券）

1　担保物件

国債、地方債、社債、又はその他の有価証券の表示 （種類及び銘柄、登録、記名、無記名の区分、記号及び番号、額面金額又は払込金額、数量）	単　価	価　額	備　考	
			証券所有者	その他
		円		

2　担保提供書

　　以下の国税の担保として「1　担保物件」に記載した物件を提供します。

(1)　原　因　　平成＿＿年＿＿月＿＿日＿＿＿＿による＿＿＿＿税及び利子税の額に対する延納担保

(2)　納税額　　　　金＿＿＿＿＿＿＿＿＿＿＿＿＿＿＿円

　　　内訳　　　＿＿＿税額　金＿＿＿＿＿＿＿＿＿＿円
　　　　　　　　及び利子税の額　金＿＿＿＿＿＿＿＿＿＿円

　　延滞税の額　　国税通則法所定の額

(3)　担保所有者が納税者（延納申請者）以外の所有の場合

　　　　上記の担保の提供に同意します。

　　　　　　平成＿＿＿年＿＿＿月＿＿＿日

　　　　　　　　　住所＿＿＿＿＿＿＿＿＿＿＿＿＿＿＿＿＿＿＿＿＿

　　　　　　　　　氏名＿＿＿＿＿＿＿＿＿＿＿＿＿＿＿＿＿＿＿㊞

■図表4-8　延納申請書別紙（担保目録及び担保提供書）：保証人

延納申請書別紙（担保目録及び担保提供書：保証人）

1　担保物件

保証人の表示	住所又は居所	
	氏名又は名称	
	業種又は業種目	

	区分	価額	債務額	差引価額
資産内容	有価証券	円	円	円
	不動産			
	預貯金			
	その他			
	計			

2　担保提供書

　　以下の国税の担保として「1　担保物件」に記載した物件を提供します。

(1)　原　因　　平成＿＿年＿＿月＿＿日＿＿＿＿による＿＿＿＿＿税及び利子税の額に対する延納担保

(2)　納税額　　　　金＿＿＿＿＿＿＿＿＿＿＿＿＿＿＿＿円

　　　　内訳　　　＿＿＿税額　金＿＿＿＿＿＿＿＿＿＿＿＿円
　　　　　　　　　　　　及び利子税の額　金＿＿＿＿＿＿＿＿＿＿円

　　　　延滞税の額　　国税通則法所定の額

第4章 延納・物納編

■図表4-9　不動産等の財産の明細書

不動産等の財産の明細書

納税者氏名　　　　　　　

1　不動産等の財産の内訳

種類	不動産等の内訳		被相続人 相続税申告書第15表における該当欄	価額
土地（土地の上に存する権利を含む。）	田		①	
	畑		②	
	宅地		③	
	山林		④	
	その他の土地		⑤	
	計		⑥	
⑥のうち特例農地等	通常価額		⑦	
	農業投資価格による価額		⑧	
家屋・構築物			⑨	
事業(農業)用資産	機械、器具、農耕具、その他の減価償却資産		⑩	
有価証券	特定同族会社の株式及び出資	配当還元方式によったもの	⑮	
		その他の方式によったもの	⑯	
	⑮及び⑯以外の株式及び出資		⑰	
	⑯のうち猶予対象の株式等の価額の80%の額		㉛	
	⑰のうち猶予対象の株式等の価額の80%の額		㉜	
その他の財産	立木		㉕	
課税相続財産の価額			㉘	
不動産等の価額 (⑥+⑨+⑩+⑮+⑯+㉕)			㉚	
農業投資価格等による課税相続財産の価額 (㉘−⑦+⑧−㉛−㉜)＋(A＋B＋C＋D−E−F)				
農業投資価格等による不動産等の価額 (㉚−⑦+⑧−㉛)＋(A＋C＋D−E−F)				

税務署整理欄

2　不動産等の割合の計算に含める財産の価額

「相続税申告書第8の2表の付表2」の2(2)イ・ロ欄により特例非上場株式等の価額を計算している場合	特定同族会社の株式及び出資に該当するもの	A	
	上記Aに該当しないもの	B	
「相続税申告書第11の2表」により相続時精算課税適用財産の価額を計算している場合		C	
「相続税申告書第14表」により純資産価額に加算される暦年課税分の贈与財産価額を計算している場合		D	

3　不動産等の割合の計算から除く財産の価額

「相続税申告書第8の3表」により山林の価額を計算している場合	同表1・(1)・①欄の金額	イ	
	イ × 80%	E	
「相続税申告書第8の4表」により医療法人持分の価額を計算している場合	同表1・(1)・①欄の金額	F	

※1　AからFの金額がある場合には、該当する相続税申告書各表を参考に添付してください。
※2　相続税申告書第8の2表の各付表の「1　特例非上場株式等に係る会社」における、「会社又はその会社の特別関係会社であってその会社との間に支配関係がある法人が保有する外国会社又は医療法人の株式等の有無」欄を有とした場合には、「不動産等の財産の明細書（その2）」により計算を行ってください。

Ⅱ 物納

Q 相続税の延納によっても金銭納付ができない場合には物納制度がありますが、同制度の適用を受けるために何を準備すればよいですか。

A

1 物納の概要

　国税は、金銭で納付することが原則ですが、相続税に限っては、納付すべき相続税額を納期限まで又は納付すべき日に延納によっても金銭で納付することが困難な理由がある場合には、申請により、その納付を困難とする金額を限度として、一定の相続財産で納付することが（物納）認められています。なお、その相続税に付帯する加算税、利子税、延滞税及び連帯納付義務により納付すべき税額等は、物納の対象となりません。

2 物納の要件

① 延納によっても金銭で納付することが困難な金額の範囲であること
② 物納申請財産が定められた種類の財産で申請順位によっていること
③ 「物納申請書」及び「物納手続関係書類」を期限までに提出すること
④ 物納申請財産が物納に充てることができる財産であること

3 物納手続の流れ

次のようなフローとなります。

■図表4−10　物納手続の流れ

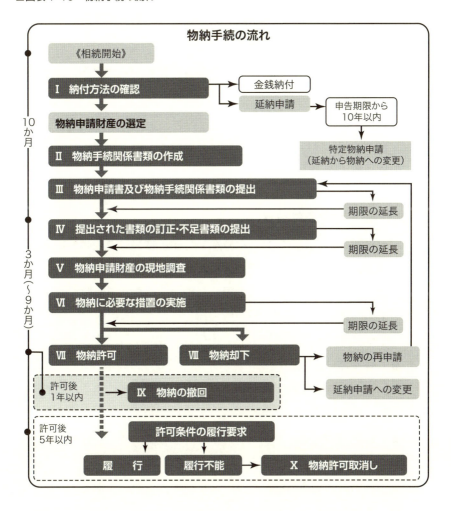

4　物納の必要書類

物納手続に必要な書類は次の通りです
① 『物納申請書』
② 『物納財産目録』
③ 『金銭納付を困難とする理由書』（当該理由書の作成に当たり使用した資料の写しを添付します。）
④ 物納申請財産が物納劣後財産の場合『物納劣後財産等を物納に充てる理由書』
⑤ 物納手続関係書類
⑥ 物納手続関係書類が提出できない場合『物納手続関係書類提出期限延長届出書』

5　物納に必要な添付書類

上記の書類に添付しなければならない書類には次のようなものがあります。なお、それぞれについて詳細な留意事項がありますが、これについては国税庁ホームページ「相続税の物納の手引き」を参照ください。

(1) 土　　地
① 土地共通
- 登記事項証明書
- 公図の写し及び物納申請土地の所在を明らかにする住宅地図の写し等
- 地積測量図
- 境界線に関する確認書
- 物納申請土地の維持及び管理に要する費用の明細書
- 物納財産収納手続書類提出等確約書
  ⅰ　所有権移転登記承諾書
  ⅱ　印鑑証明書

- 電柱の設置に係る契約書等の写し
- 土地上の工作物等の図面
- 建物・工作物等の配置図

② 1-1 土地：物納申請土地上に建物がない場合（物納申請者が、物納後直ちに当該物納申請土地を国から借りる場合）
- 国有財産借受確認書
- 国から借りる範囲を明らかにした実測図等

③ 1-2 土地：物納申請土地上に建物がない場合（物納申請土地に賃借人がいる場合）
- 土地賃貸借契約書
- 賃借地の境界に関する確認書
- 賃借人ごとの賃借地の範囲、面積及び境界を確認できる実測図等
- 物納申請前3か月間の地代の領収書の写し
- 敷金等に関する確認書
- 賃借料の領収書等の提出に関する確約書
- 誓約書（役員一覧）

④ 1-3 土地：物納申請土地上に建物がある場合（物納申請者が、物納後直ちに当該物納申請土地を国から借りる場合）
- 国有財産借受確認書
- 国から借りる範囲を明らかにした実測図等
- 建物の登記事項証明書

⑤ 1-4 土地：物納申請土地上に建物がある場合（物納申請地上に賃借人がいる場合）
- 土地賃貸借契約書
- 賃借地の境界に関する確認書
- 賃借人ごとの賃借地の範囲、面積及び境界を確認できる実測図等

- 物納申請前3か月間の地代の領収書の写し
- 敷金等に関する確認書
- 賃借料の領収書等の提出に関する確約書
- 建物の登記事項証明書
- 誓約書（役員一覧）

⑥ 1-5　土地：物納申請土地の借地人（土地賃貸借契約上の賃貸人）と、物納申請土地上の建物の所有者（登記上の所有者）が相違する場合

- 相違する理由を明らかにする書類

⑦ 1-6　土地：物納申請土地の隣地の建物のひさし、工作物及び樹木の枝などが物納申請土地に越境している場合（その越境が軽微なもの）

- 工作物等の越境の是正に関する確約書
- 越境の状況を示した図面

⑧ 1-7　土地：物納申請土地上の物納申請建物、工作物及び樹木の枝などが隣地に越境している場合（借地権が設定されている土地を除く。）

- 建物等の撤去及び使用料の負担等を求めない旨の確約書
- 越境の状況を示した図面

⑨ 1-8　土地：物納申請土地が建築基準法第43条第1項に規定する道路に接していない場合

- 通行承諾書

⑩ 1-9　土地：物納申請土地が土地区画整理事業等の施行地域内にある場合

- 仮換地又は一時利用地の指定の通知書の写し
- 仮換地（一時利用地）の位置及び形状を表示した換地図等の写し

- 賦課金等の債務を国に引き継がない旨の確認書
- 清算金の授受に係る権利及び義務を国に引き継がない旨の確認書
⑪ 1-10　土地：物納申請土地が自然公園法の国立公園特別保護地区等内の土地で一定の要件に該当する場合
- 収納確認書

(2) 建　物
① 建物共通
- 登記事項証明書
- 建物の敷地に係る公図の写し及び物納申請建物の所在を明らかにする住宅地図の写し
- 建物図面、各階平面図及び間取図
- 物納申請建物の維持及び管理に要する費用の明細書
- 物納財産収納手続書類提出等確約書
    ⅰ　所有権移転登記承諾書
    ⅱ　印鑑証明書
- 建物の管理規約
- 鍵リスト一覧表
- 建物設備の構造図面
② 2-1　建物：物納申請建物とともに敷地である土地が物納申請財産である場合（物納申請建物に借家人がいる場合）
- 建物賃貸借契約書の写し
- 物納申請前3か月間の賃借料（家賃）の領収書の写し
- 敷金等に関する確認書
- 賃借料の領収書等の提出に関する確約書
- 誓約書（役員一覧）

③ 2-2 建物：物納申請建物とともに敷地である土地が物納申請財産である場合（物納申請者が、物納後直ちに当該物納申請建物を国から借りる場合）
- 国有財産借受確認書

④ 2-3 建物：物納申請建物の敷地である土地に借地権が設定されている場合（物納申請建物に借家人がいる場合）
- 当該建物の敷地である土地の登記事項証明書
- 土地賃貸借契約書の写し
- 借地権が及ぶ範囲に関する確認書
- 借地権が及ぶ範囲、面積及び境界を確認できる実測図等
- 借地権の移転に関する承諾書
- 建物賃貸借契約書の写し
- 物納申請前3か月間の賃借料（家賃）の領収書の写し
- 敷金等に関する確認書
- 賃借料の領収書等の提出に関する確約書
- 誓約書（役員一覧）

⑤ 2-4 建物：物納申請建物の敷地である土地に借地権が設定されている場合（物納申請者が、物納後直ちに当該物納申請建物を国から借りる場合）
- 当該建物の敷地である土地の登記事項証明書
- 土地賃貸借契約書の写し
- 借地権が及ぶ範囲に関する確認書
- 借地権が及ぶ範囲、面積及び境界を確認できる実測図等
- 借地権の移転に関する承諾書
- 国有財産借受確認書

(3) 国債・地方債
① 3-1　登録国債
- 国債登録変更（移転登録）請求書

② 3-2　登録地方債
- 移転登録請求書

③ 3-3　上記以外の国債等（振替国債を除く。）
- 有価証券（国債・地方債）の写し

(4) 社　　債
① 4-1　登録社債（※旧社債等登録法の適用を受けるもの）
- 移転登録請求書

② 4-2　登録社債以外の社債、投資信託又は貸付信託の受益証券、特別の法律により設立された法人の発行する債券又は出資証券
- 有価証券（社債等）の写し

(5) 株　　式
① 5-1　上場株式
- 上場株式の所有者の振替口座簿の写し

② 5-2　取引相場のない株式（非上場株式）
- 取引相場のない株式の発行会社の登記事項証明書
- 相場のない株式の発行会社の決算書（物納の許可の申請の日前2年間に終了した事業年度に係るものに限る。）
- 取引相場のない株式の発行会社の株主名簿の写し
- 物納財産売却手続書類提出等確約書
- 役員一覧
- 誓約書

(6) 立　　木
- 登記事項証明書
- 立木が存する土地に係る公図の写し及び立木の所在を明らかに

      する住宅地図の写し
  - 樹齢、樹種その他物納申請立木を特定するために必要な事項を記載した書類
  - 物納財産収納手続書類提出等確約書
    ① 所有権移転登記承諾書
    ② 印鑑証明書
(7) 船　　舶
  - 登記事項証明書等
  - 物納財産収納手続書類提出等確約書
(8) 動産（特定登録美術品を含む。）
  - 当該動産の価額の計算の明細を記載した書類
  - 物納財産収納手続書類提出等確約書

■図表4-11　相続税物納申請書

相続税物納申請書

税務署収受印

税務署長殿
平成　年　月　日

（〒　　－　　）
住所　　　　　　　　　　
フリガナ
氏名　　　　　　　　　　㊞
番号 ｜｜｜｜｜｜｜｜｜｜｜｜
職業　　　　　　電話

下記のとおり相続税の物納を申請します。

記

1　物納申請税額

① 相 続 税 額		円
同上のうち	②現金で納付する税額	
	③延納を求めようとする税額	
	④納税猶予を受ける税額	
	⑤物納を求めようとする税額 （①－（②＋③＋④））	

2　延納によっても金銭で納付することを困難とする理由

（物納ができるのは、延納によっても金銭で納付することが困難な範囲に限ります。）

別紙「金銭納付を困難とする理由書」のとおり。

（作成税理士　事務所所在地　電話番号　署名押印）

3　物納に充てようとする財産

別紙目録のとおり。

4　物納財産の順位によらない場合等の事由

別紙「物納劣後財産等を物納に充てる理由書」のとおり。

※　該当がない場合は、二重線で抹消してください。

5　その他参考事項

右の欄の該当の箇所を○で囲み住所氏名及び年月日を記入してください。	被相続人、遺贈者	(住所)	
		(氏名)	
	相続開始　遺贈年月日	平成　年　月　日	
	申告(期限内、期限後、修正)、更正、決定年月日	平成　年　月　日	
	納　　期　　限	平成　年　月　日	
	納税地の指定を受けた場合のその指定された納税地		
	物納申請の却下に係る再申請である場合は、当該却下に係る「相続税物納却下通知書」の日付及び番号	第　　号 平成　年　月　日	

税務署整理欄	番号確認	身元確認	確認書類 個人番号カード／通知カード・運転免許証 その他（　　）	郵送等年月日 平成　年　月　日	担当者印
		□済 □未済			

141

■図表4-12　各種確約書

氏　名　＿＿＿＿＿＿＿＿＿

各　種　確　約　書

　物納申請財産の種類に応じ、以下の事項に関する確約等が必要となりますので、該当する事項を確認した上、該当欄文頭の□にチェックしてください。
　なお、物納申請財産の種類が複数の場合、該当するすべての事項にチェックしてください。

【土地、建物（共通）】

【物納財産収納手続書類提出等確約書】
□　私の物納申請に関して、税務署長から次の書類の提出を求められた場合には、速やかに提出することを約します。
1　所有権移転登記承諾書
2　印鑑証明書

【土地、建物（賃借人がいる場合）】

【賃借料の領収書等の提出に関する確約書】
□　私の物納申請に関して、相続税法第42条第2項に規定する物納申請書の提出期限（相続税法第45条の物納申請の却下に係る再申請の場合は再申請の日及び相続税法第48条の2の特定物納の申請の場合は当該申請書の提出の日）の翌日から1年以内に物納の許可がされない場合に、税務署長から賃借料の領収書等の提出を求められたときには、その求められた日前3か月間の賃貸料の支払状況が確認できる書類を速やかに提出することを約します。なお、当該3か月間に賃貸料の支払期限がない場合には、直前の支払期限に係る支払状況が確認できる書類を提出することを約します。

【立木】

【物納財産収納手続書類提出等確約書】
□　私の物納申請に関して、税務署長から次の書類の提出を求められた場合には、速やかに提出することを約します。
1　所有権移転登記承諾書
2　印鑑証明書

【船舶】

【物納財産収納手続書類提出等確約書】
□　私の物納申請に関して、税務署長から次の書類の提出を求められた場合には、速やかに提出することを約します。
1　所有権移転登記承諾書
2　印鑑証明書
3　小型船舶の登録等に関する法律第19条第1項（譲渡証明書）に規定する譲渡証明書
4　その他物納財産の収納手続に必要な書類

【動産】

【物納財産収納手続書類提出等確約書】
□　私の物納申請に関して、税務署長から物納財産の収納に必要な手続をとることを求められた場合には、速やかにこれを行うことを約します。

第4章／延納・物納編

■図表4−13　金銭納付を困難とする理由書

金銭納付を困難とする理由書
（相続税延納・物納申請用）

平成　年　月　日

税務署長　殿

住　所

氏　名　　　　　　㊞

平成　年　月　日付相続（被相続人　　　　　　　）に係る相続税の納付については、納期限までに一時に納付することが困難であり、その納付困難な金額は次の表の計算のとおり延納によっても金銭で納付することが困難であり、であることを申し出ます。

1	納付すべき相続税額（相続税申告書第1表㉗の金額）		A　　　円
2	納期限（又は納付すべき日）までに納付することができる金額		B　　　円
3	延納許可限度額	【A−B】	C　　　円
4	延納によって納付することができる金額		D　　　円
5	物納許可限度額	【C−D】	E　　　円

2 納期限（又は納付すべき日）までに納付することができる金額の計算	(1) 相続した現金・預貯金等		（イ＋ロ−ハ）	【　　　円】	
		イ 現金・預貯金（相続税申告書第15表㉝の金額）	（　　　円）		
		ロ 換価の容易な財産（相続税申告書第11表・第15表該当の金額）	（　　　円）		
		ハ 支払費用等	（　　　円）		
		内訳　相続債務（相続税申告書第15表㉝の金額）	［　　　円］		
		葬式費用（相続税申告書第15表㉟の金額）	［　　　円］		
		その他（支払内容：　　　）	［　　　円］		
		（支払内容：　　　）	［　　　円］		
	(2) 納税者固有の現金・預貯金等		（イ＋ロ＋ハ）	【　　　円】	
		イ 現金	（　　　円）	←裏面①の金額	
		ロ 預貯金	（　　　円）	←裏面②の金額	
		ハ 換価の容易な財産	（　　　円）	←裏面③の金額	
	(3) 生活費及び事業経費		（イ＋ロ）	【　　　円】	
		イ 当面の生活費（3月分）うち申請者が負担する額	（　　　円）	←裏面⑪の金額×3/12	
		ロ 当面の事業経費	（　　　円）	←裏面⑭の金額×1/12	
	Bへ記載する		【(1)＋(2)−(3)】	B 【　　　円】	

4 延納によって納付することができる金額の計算	(1) 経常収支による納税資金（イ×延納年数（最長20年））＋ロ	【　　　円】	
	イ 裏面④−（裏面⑪＋裏面⑭）	（　　　円）	
	ロ 上記2(3)の金額	（　　　円）	
	(2) 臨時的収入	【　　　円】	←裏面⑮の金額
	(3) 臨時的支出	【　　　円】	←裏面⑯の金額
	Dへ記載する	【(1)＋(2)−(3)】	D　　　円

添付資料
□　前年の確定申告書（写）・収支内訳書（写）
□　前年の源泉徴収票（写）
□　その他（　　　　　　　　　　　　　　　　　　　　　　　　）

(裏面)

1 納税者固有の現金・預貯金その他換価の容易な財産

手持ちの現金の額					①	円
預貯金の額	／（　　　円）		／（　　　円）		②	円
	／（　　　円）		／（　　　円）			
換価の容易な財産	（　　　円）		（　　　円）		③	円
	（　　　円）		（　　　円）			

2 生活費の計算

給与所得者等：前年の給与の支給額	④	円
事業所得者等：前年の収入金額		
申請者　　　　　　　　　　100,000 円　×　12	⑤	1,200,000 円
配偶者その他の親族（　　人）×45,000 円　×　12	⑥	円
給与所得者：源泉所得税、地方税、社会保険料（前年の支払額） 事業所得者：前年の所得税、地方税、社会保険料の金額	⑦	円
生活費の検討に当たって加味すべき金額 　加味した内容の説明・計算等 ［　　　　　　　　　　　　　　　　　　　　　　　］	⑧	円
生活費（1年分）の額　　（⑤＋⑥＋⑦＋⑧）	⑨	円

3 配偶者その他の親族の収入

氏名　　　　（続柄　　　）　前年の収入（　　　　円）	⑩	円
氏名　　　　（続柄　　　）　前年の収入（　　　　円）		
申請者が負担する生活費の額　⑨×（④／（④＋⑩））	⑪	円

4 事業経費の計算

前年の事業経費（収支内訳書等より）の金額	⑫	円
経済情勢等を踏まえた変動等の調整金額 　調整した内容の説明・計算等 ［　　　　　　　　　　　　　　　　　　　　　　　］	⑬	円
事業経費（1年分）の額　　（⑫＋⑬）	⑭	円

5 概ね1年以内に見込まれる臨時的な収入・支出の額

臨時的収入	年　月頃（　　　　円）	⑮	円
	年　月頃（　　　　円）		
臨時的支出	年　月頃（　　　　円）	⑯	円
	年　月頃（　　　　円）		

■図表4−14　物納財産目録（国債、地方債、社債、その他の有価証券用）

物 納 財 産 目 録
(国債、地方債、社債、その他の有価証券用)

種類及び銘柄	登録記名無記名の区別	記号及び番号	額面金額又は払込金額	数　量	単　価	価　額	備　考
			円	枚	円	円	

※　受益証券、社債等である場合は、これらを購入した金融機関（及び支店）名を「備考」欄に記載してください。

■図表4-15　物納財産目録（土地・家屋用）

<table>
<tr><td colspan="8" align="center">物　納　財　産　目　録
（土地・家屋用）</td></tr>
<tr><td rowspan="2">所　　在</td><td colspan="5">土　地　・　家　屋　の　表　示</td><td rowspan="2">価　額</td><td rowspan="2">備　考</td></tr>
<tr><td>地番又は
家屋番号</td><td>地目又は
種類</td><td>構　造</td><td colspan="2">地積又は
床面積</td></tr>
<tr><td></td><td></td><td></td><td></td><td></td><td>㎡</td><td>円</td><td></td></tr>
<tr><td></td><td></td><td></td><td></td><td></td><td></td><td></td><td></td></tr>
<tr><td></td><td></td><td></td><td></td><td></td><td></td><td></td><td></td></tr>
<tr><td></td><td></td><td></td><td></td><td></td><td></td><td></td><td></td></tr>
</table>

※　物納申請財産が土地（借地権等の設定された土地を除く。）の場合で、当該土地上に塀、柵等の工作物や樹木がある場合は、次の事項を確認して□にチェックしてください。

　　□　物納により国に当該土地の所有権が移転した後において、土地の定着物である工作物及び樹木については、その所有権を主張することはありません。

※　相続開始時に生産緑地の指定を受けていた土地であった場合は、当該土地に係る生産緑地法第10条に規定する市町村長に対する買取申出年月日又は生産緑地の指定解除年月日を備考欄に記載してください。

※　地目が田又は畑（農地）の場合で他の用途に使用している場合は、次の事項を確認して□にチェックしてください。

　　□　農地法第4条及び第5条の許可を受けています。

■図表4-16　物納財産目録（立木・船舶用）

<table>
<tr><td colspan="7" align="center">物　納　財　産　目　録
（立木・船舶用）</td></tr>
<tr><td colspan="5" align="center">立木・船舶の表示</td><td rowspan="2" align="center">価　　額</td><td rowspan="2" align="center">備　　考
樹種、数量、樹齢、調査年度、施業方法等</td></tr>
<tr><td>所在又は船籍港</td><td>地　番</td><td>地目、名称
又は構造</td><td>トン数</td><td>地積又は
大きさ</td></tr>
<tr><td></td><td></td><td></td><td></td><td>㎡</td><td>円</td><td></td></tr>
<tr><td></td><td></td><td></td><td></td><td></td><td></td><td></td></tr>
<tr><td></td><td></td><td></td><td></td><td></td><td></td><td></td></tr>
<tr><td></td><td></td><td></td><td></td><td></td><td></td><td></td></tr>
<tr><td></td><td></td><td></td><td></td><td></td><td></td><td></td></tr>
<tr><td></td><td></td><td></td><td></td><td></td><td></td><td></td></tr>
<tr><td></td><td></td><td></td><td></td><td></td><td></td><td></td></tr>
<tr><td></td><td></td><td></td><td></td><td></td><td></td><td></td></tr>
<tr><td></td><td></td><td></td><td></td><td></td><td></td><td></td></tr>
<tr><td></td><td></td><td></td><td></td><td></td><td></td><td></td></tr>
</table>

■図表4-17　物納財産目録（動産用）

<table>
<tr><td colspan="5" align="center">物　納　財　産　目　録
（動産用）</td></tr>
<tr><td align="center">名　　称</td><td align="center">品質又は性質</td><td align="center">数　　量</td><td align="center">価　　額</td><td align="center">備　　考</td></tr>
<tr><td></td><td></td><td></td><td>円</td><td></td></tr>
<tr><td></td><td></td><td></td><td></td><td></td></tr>
<tr><td></td><td></td><td></td><td></td><td></td></tr>
<tr><td></td><td></td><td></td><td></td><td></td></tr>
<tr><td></td><td></td><td></td><td></td><td></td></tr>
<tr><td></td><td></td><td></td><td></td><td></td></tr>
<tr><td></td><td></td><td></td><td></td><td></td></tr>
<tr><td></td><td></td><td></td><td></td><td></td></tr>
<tr><td></td><td></td><td></td><td></td><td></td></tr>
<tr><td></td><td></td><td></td><td></td><td></td></tr>
<tr><td></td><td></td><td></td><td></td><td></td></tr>
<tr><td></td><td></td><td></td><td></td><td></td></tr>
</table>

■図表4-18　小規模宅地等を分割して物納に充てることの確認書

小規模宅地等を分割して
物納に充てることの確認書

　租税特別措置法第69条の4の適用を受けた下記1の財産については、下記2のとおり分割し、下記3の財産を相続税の物納に充てることを確認します。

記

1　租税特別措置法第69条の4の適用を受けた財産

所在・地番	地積	措置法69条の4の適用前の価額	小規模宅地等の選択をした地積	課税価格に算入された価額（A）
	㎡	円	㎡	円

2　分割後の財産

所在・地番	地積	価額の計算に際し小規模宅地等の特例の適用を受けた地積	備考
	㎡	㎡のうち　　㎡	
	㎡	㎡のうち　　㎡	

3　物納申請財産

所在・地番	地積	上記1の（A）の価額のうち物納申請財産の価額	備考
	㎡	円	

平成　　年　　月　　日

　　　　　　　　　　　　物納申請者
　　　　　　　　　　　　（〒　　－　　　）
　　　　　　　　　　　　（住所）

　　　　　　　　　　　　(フリガナ)
　　　　　　　　　　　　（氏名）　　　　　　　　　　　㊞
　　　　　　　　　　　　（電話番号　　　　　　　　）

■図表4-19　被相続人と共有していた不動産に関する確認書

被相続人と共有していた不動産に関する確認書

　下記1の不動産のうち被相続人＿＿＿＿＿＿＿から相続（遺贈）により取得した持分相当分について下記2の(1)として分割し、物納に充てることを確認します。

記

1　相続（遺贈）により取得した不動産

所在・地番 （家屋番号）	地積 （床面積）	相続開始時の持分割合		備　考
		共　有　者	持　　分	
	㎡	被相続人 物納申請者	分の 分の	

2　物納申請不動産及びそれ以外の不動産

	所在・地番 （家屋番号）	地積 （床面積）	各々の不動産に対応する相続開始時の持分	備　考
(1)		㎡	・被相続人の持分相当分 　のうち物納申請分	
(2)		㎡	・被相続人の持分相当分 　　　　分の ・物納申請者の持分相当分 　　　　分の	

平成　　年　　月　　日

物納申請者
（〒　　－　　　　）
（住所）
　　　　　　　　　　　　
（氏名）
　　　　　　　　　　　　㊞
（電話番号　　　　　　　）

■図表4-20　物納劣後財産等を物納に充てる理由書

物納劣後財産等を物納に充てる理由書

　私が物納申請した財産（　　　　　　　　　　　　　　）は、相続税法第41条第4項に規定する物納劣後財産又は相続税法第41条第2項第3号若しくは第4号に該当する財産ですが、次の表に記載したとおり、物納申請時において現に有する物納申請財産以外の相続財産のすべてについて、適当な価額のものがないこと又は物納に充てることができない特別の事情があることを申し出ます。

相続税の申告書第11表に準じて記載してください。				適当な価額ではないこと又は物納に充てることができない特別の事情
種類（細目）	利用区分 銘柄等	所在場所等	価　額	
			円	

■図表4−21　相続税特定物納申請書

（収受印）

税務署長　殿

相　続　税　特　定　物　納　申　請　書

（〒　　－　　　）
（住所）
（氏名）（フリガナ）　　　　印

番　号	

（職業）　　　（電話）

平成　　年　　月　　日付第　　　号で許可された相続税の延納について、下記のとおり特定物納を申請します。

記

1　**特定物納対象税額等**

①　特定物納対象税額	②　特定物納申請税額（特定物納の許可を求めようとする税額）	③　特定物納申請後の分納税額（①－②）
円	円	円

2　**特定物納対象税額等の内訳**

	①　特定物納対象税額			②　特定物納申請税額			③　特定物納申請後の分納税額				
分納期間	不動産等に係る延納相続税額	動産等に係る延納相続税額	計	不動産等に係る延納相続税額	動産等に係る延納相続税額	計	不動産等に係る延納相続税額	動産等に係る延納相続税額	計	分納期限	分納期間
第1回	円	円	円	円	円	円	円	円	円	平成　年　月　日	第1回
第2回										平成　年　月　日	第2回
第3回										平成　年　月　日	第3回
第4回										平成　年　月　日	第4回
第5回										平成　年　月　日	第5回
第6回										平成　年　月　日	第6回
第7回										平成　年　月　日	第7回
第8回										平成　年　月　日	第8回
第9回										平成　年　月　日	第9回
第10回										平成　年　月　日	第10回
第11回										平成　年　月　日	第11回
第12回										平成　年　月　日	第12回
第13回										平成　年　月　日	第13回
第14回										平成　年　月　日	第14回
第15回										平成　年　月　日	第15回
第16回										平成　年　月　日	第16回
第17回										平成　年　月　日	第17回
第18回										平成　年　月　日	第18回
第19回										平成　年　月　日	第19回
第20回										平成　年　月　日	第20回
計			（1①の金額）			（1②の金額）			（1③の金額）		

（作成税理士　事務所所在地（電話番号）　署名押印　　印）

3　**変更された条件による延納によっても金銭で納付することを困難とする事由**
別紙「金銭納付を困難とする理由書」のとおり

4　**特定物納申請財産**
別紙「物納財産目録」のとおり

5　**その他参考事項**

右の欄の該当の箇所を○で囲み、住所、氏名、年月日等を記載してください	被相続人・遺贈者	（住所）	相続開始（遺贈）年月日	平成　年　月　日
		（氏名）	申　告　期　限	平成　年　月　日
	申告（　期限内　期限後　修正　）、更正、決定　年月日			平成　年　月　日

税務署整理欄	番号確認	身元確認	確認書類	郵送等年月日	担当者印
		□ 済 □ 未済	個人番号カード ／ 通知カード・運転免許証 その他（　　　）	平成　　年　　月　　日	

※　**記載要領は、裏面を御覧ください。**

■図表4-22　物納手続関係書類チェックリスト（土地・建物）

物納手続関係書類チェックリスト（土地・建物）

(住所)　　　　　　　　　　　　　　　　　　(氏名)

	提出書類	申請者確認		物納申請財産の表示			
物納申請書別紙	1 物納申請書	□ (通)	土地	所在			
	2 物納財産目録	□		地番			
	3 金銭納付を困難とする理由書	□		地目		地積	
	4 物納財産収納手続書類提出等確約書	□		現況			
	5 物納劣後財産等を物納に充てる理由書	□	建物	所在			
	6 小規模宅地等を分割して物納に充てる理由書	□		家屋番号		種類	
	7 被相続人と共有していた不動産に関する確約書	□		構造		床面積	
				建物所有者		借地権者	

		土地（更地又は底地）			建物及びその敷地			建物（借地権付）	
		権利者なし	申請者使用	借地人あり	権利者なし	申請者使用	借家人あり	申請者使用	借家人あり
土地に関する書類	住宅地図等の写し ※	□ (通)	□ (通)	□ (通)	□	□	□	□	□
	公図の写し	□	□	□	□	□	□		
	登記事項証明書	□	□	□	□	□	□		
	地積測量図	□	□	□	□	□	□		
	境界線に関する確認書	□	□	□	□	□	□		
	境界線に関する確認書（道水路）	□	□	□	□	□	□		
	電柱の設置に係る契約書の写し	□	□	□	□	□	□		
	土地上の工作物等の図面 ※	□	□	□	□	□	□		
	土地上の建物・工作物等の配置図 ※	□	□	□	□	□	□		
	土地の維持・管理費用の明細書	□	□	□	□	□	□		
	通行承諾書	□	□	□	□	□	□		
	工作物等の越境の是正に関する確約書	□	□	□	□	□	□		
	越境の状況を示した図面	□	□	□	□	□	□		
	建物等の撤去及び使用料の負担等を求めない旨の確約書	□	□	□	□	□	□		
	越境の状況を示した図面	□	□	□	□	□	□		
建物等に関する書類	登記事項証明書	申請地上に建物がある場合 ※ □	□	□	□	□	□	□	□
	建物図面				□	□	□	□	□
	各階平面図				□	□	□	□	□
	間取図				□	□	□	□	□
	建物の維持・管理費用の明細書				□	□	□	□	□
	建物の管理規約等の写し				□	□	□	□	□
	鍵リスト ※				□	□	□	□	□
	建物設備の構造図面 ※				□	□	□	□	□
契約関係等に関する書類	国有財産借受確認書	□							
	国有財産受借確認書及び借地権の使用貸借に関する確認書	□							
	物納申請者が国から借り受ける範囲を明らかにした実測図等	□							
	土地賃貸借契約書の写し			□				□	□
	借地権が及ぶ範囲に関する確認書			□				□	□
	借地権が及ぶ範囲、面積及び境界を確認できる実測図書			□				□	□
	建物賃貸借契約書の写し						□		□
	賃借地の境界に関する確認書			□					
	賃借人との賃借地の面積及び境界を確認できる実測図等			□					
	物納申請前3か月間の賃借料（地代）の領収書の写し			□					
	物納申請前3か月間の賃借料（家賃）の領収書の写し						□		□
	賃借料の領収書等の提出に関する確約書			□			□		□
	敷金等に関する確認書			□			□		□
	借地権の使用貸借に関する確認書			□					
	相続人代表借地権者確認書			□					
	借地権の移転に関する承諾書							□	
	誓約書（及び役員一覧（注3））			□			□	□	□

(注)　1　物納申請財産の利用状況に該当する提出書類を確認の上、チェック欄「□」をチェックし、提出通数を右横にお書きください。
　　　2　提出書類に「※」が記載されているものは、相続税法施行規則に提出書類としての規定はありませんが、物納許可又は財産の管理処分上有用なものであることから、提出をお願いするものです。
　　　3　借地人等の権利者が法人の場合には、「誓約書」に併せて「役員一覧」も提出してください。

第4章 延納・物納編

■図表4-23　物納手続関係書類チェックリスト（換地処分が行われている区域内の土地・建物）

物納手続関係書類チェックリスト（換地処分が行われている区域内の土地・建物）

(住所)　　　　　　　　　　　　　　　　　　(氏名)

提出書類	申請者確認		物納申請財産の表示		
1 物納申請書	□ (通)	土地	所在		
物納申請書別紙 2 物納財産目録	□		(仮換地)		
3 金銭納付を困難とする理由書	□		地番　　地目　　地積		
4 物納財産収納手続関係書類提出等確約書	□		現況		
5 物納劣後財産等を物納に充てる理由書	□	建物	所在		
6 小規模宅地等を分割して物納に充てる理由書	□		家屋番号　　　　種類		
7 被相続人と共有していた不動産に関する確認書	□		構造　　　床面積		
			建物所有者　　借地権者		

	土地（更地又は底地）			建物及びその敷地		
	権利者なし	申請者使用	借地人あり	権利者なし	申請者使用	借家人あり
住宅地図等の写し ※	□ (通)	□ (通)	□ (通)	□ (通)	□ (通)	□ (通)
公図の写し	□	□	□	□	□	□
土地の登記事項証明書	□	□	□	□	□	□
電柱の設置に係る契約書の写し	□	□	□	□	□	□
土地上の工作物等の図面 ※	□	□	□	□	□	□
土地上の建物・工作物等の配置図 ※	□	□	□	□	□	□
土地の維持・管理費用の明細書	□	□	□			
土地の管理規約等の写し	□	□	□			
通行承諾書	□	□	□			
工作物等の越境の是正に関する確約書	□	□	□			
越境の状況を示した図面	□	□	□			
建物等の撤去及び使用料の負担等を求めない旨の確約書	□	□	□			
越境の状況を示した図面	□	□	□			
仮換地（一時利用地）の指定通知書の写し	□	□	□			
仮換地（一時利用地）の位置及び形状を表示した換地図の写し	□	□	□			
賦課金等の債務を国に引き継がない旨の確認書	□	□	□			
清算金等の授受に係る権利及び義務を国に引き継がない旨の確認書	□	□	□			
建物の登記事項証明書				□	□	□
建物図面				□	□	□
各階平面図				□	□	□
間取図				□	□	□
建物の維持・管理費用の明細書				□	□	□
建物の管理規約等の写し				□	□	□
鍵リスト ※				□	□	□
建物設備の標準図面 ※				□	□	□
国有財産借受確認書		□			□	
国有財産借受確認書及び借地権の使用貸借に関する確認書		□			□	
物納申請者が国から借り受ける範囲を明らかにした実測図等		□			□	
土地賃貸借契約書の写し			□			
建物賃貸借契約書の写し						□
賃借地の境界に関する確認書			□			
賃借人ごとの賃借地の面積及び境界を確認できる実測図等			□			
物納申請前3か月間の賃借料（地代）の領収書の写し			□			
物納申請前3か月間の賃借料（家賃）の領収書の写し						□
賃借料の領収書等の提出に関する確認書			□			□
敷金等に関する確認書			□			□
借地権の使用貸借に関する確認書			□			□
相続人代表借地権者確認書			□			
借地権の移転に関する承諾書			□			
誓約書（及び役員一覧）(注3)			□			□

(注) 1 物納申請財産の利用状況に該当する提出書類を確認の上、チェック欄「□」をチェックし、提出通数を右横にお書きください。
　　 2 提出書類に「※」が記載されているものは、相続税法施行規則に提出書類としての規定はありませんが、物納許可又は財産の管理処分上有用なものであることから、提出をお願いするものです。
　　 3 借地人等の権利者が法人の場合には、「誓約書」に併せて「役員一覧」も提出してください。

■図表4-24　物納手続関係書類チェックリスト（有価証券・その他の財産）

物納手続関係書類チェックリスト（有価証券・その他の財産）

(住所)		提 出 書 類	申請者確認
		1　物納申請書	□　　　（通）
	物納申請書別紙	2　物納財産目録	□
(氏名)		3　金銭納付を困難とする理由書	□
		4　物納財産収納手続書類提出等確約書	□
		5　物納劣後財産等を物納に充てる理由書	□

◎ 有価証券

有価証券の表示	種類及び銘柄
	（登録・記名・無記名）
	種類及び銘柄
	記号及び番号
	数量（枚）

	国債・地方債			株式		その他有価証券	
	登録国債	登録地方債	その他	上場株式	その他	登録社債	その他
有価証券の写し※ （上場株式の場合は所有者の振替口座簿の写し）	□（通）	□（通）	□（通）	□（通）	□（通）	□（通）	□（通）
国債登録変更（移転登録）請求書　※	□						
移転登録請求書　※		□				□	
取引相場のない株式の発行会社の登記事項証明書					□		
取引相場のない株式の発行会社の決算書 （直近2年間分）					□		
取引相場のない株式の発行会社の株主名簿の写し					□		
誓約書及び役員一覧					□		
物納財産売却手続書類提出等確約書					□		

◎ その他の財産（立木、船舶、動産、特定登録美術品）

財産の表示			提 出 書 類	
立木	所在		樹齢・樹種その他立木を特定するために必要な事項を記載した書類	□　　（通）
	地番　　　地目			
	面積			
船舶	船籍港		登記事項証明書	□
	名称（構造）			
	トン数　　　大きさ			
動産	名称　　（動産・特定登録美術品）		動産の価額の計算の明細を記載した書類（動産）	□
	品質（性質）		評価価格通知書（特定登録美術品）	
	数量（枚）			

（注）1　物納申請財産の利用状況に該当する提出書類を確認の上、チェック欄「□」をチェックし、提出通数を右横にお書きください。
　　　2　提出書類に「※」が記載されているものは、相続税法施行規則に提出書類としての規定はありませんが、物納許可又は財産の管理処分上有用（物納財産の収納に必要）なものであるから、提出をお願いするものです。

第5章
相続税申告書の記載方法

I 事例による相続税申告書記載の手順

Q 父が亡くなり財産及び債務を整理して計算したところ、相続税の基礎控除をわずかながら超えそうです。自己流でノートに手順に従って計算しましたが、申告書に転記する手順が分かりませんので教えてください。

A

□ 相続税申告書記載の手順

相続税の申告書の構成は、第1表に被相続人の財産総額、相続税の総額、各人の相続税額等の結論が記載されます。いきなり結論を記載することができませんので、相続税がかかる財産の明細を記載する第9表をはじめとして手順を追って記載することになります。

なお、作成にあたり課税財産の評価が必要なものについては、「土地及び土地の上に存する権利の評価明細書」、「取引相場のない株式（出資）の評価明細書」等を最初に作成します。

① 第9表　生命保険金などの明細書
　　（第10表　退職手当金など）
② 第11・11の2表の付表1　小規模宅地等についての課税価格の計算明細書
③ 第11表　相続税がかかる財産の明細書
④ 第13表　債務及び葬式費用の明細書
⑤ 第14表　純資産価額に加算される暦年課税分の贈与財産価額の明細書
⑥ 第15表　相続財産の種類別価額表
⑦ 第1表　相続税の申告書

第5章 相続税申告書の記載方法

⑧　第2表　相続税の総額の計算書
⑨　第1表　相続税の申告書
⑩　第5表　配偶者の税額軽減額の計算書
⑪　第1表　相続税の申告書
　　（第4表　相続税額の加算金額の計算書、第4表の2　暦年課税分の贈与税額控除額の計算書、第6表　未成年者控除・障害者控除、第7表　相次相続控除、第8表　外国税額控除）

（　）の各表については、この事例では適用がありませんので取り上げませんが、この順序で使用します。

第4表　相続税額の加算金額の計算書、第4表の2　暦年課税分の贈与税額控除額の計算書、第6表　未成年者控除・障害者控除、第7表　相次相続控除、第8表　外国税額控除についてはそれぞれを作成した上で第1表に転記することになります。

図表　申告書の記載の順序

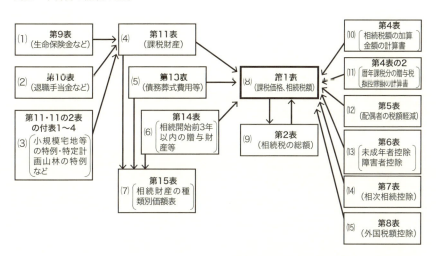

相続税の申告のしかた　平成28年分用　P49

Ⅱ 相続税申告書記載例

Q 「小規模宅地等の特例」及び「配偶者の税額軽減」の適用を母が受ける予定です。その前提で事例を設定していただけませんでしょうか。

A

□ 事 例

【事例】
　父（国税太郎）が平成28年5月10日に亡くなり（亡くなられた人のことを「被相続人」といいます。）、母（国税花子）、私（国税一郎）、妹（税務幸子）の3人で父の財産を相続しました。父が残した財産は、自宅のある土地と家屋、上場株式、現金、預金、生命保険金です。債務はありませんでしたが、葬式費用は150万円かかりました。また、（父の生前に）私と妹は父から現金の贈与を受けていました。
　相続税の申告に当たって、母は「小規模宅地等の特例」及び「配偶者の税額軽減」の適用を受けます。

○ 相続財産等の内訳（遺産分割の状況）

1　相続財産（被相続人が亡くなった時点において所有していた財産及びみなし相続財産（生命保険金など））

種　類	所　在　場　所	財産の価額	財産取得者
【不動産】	○○市△△3丁目5番16号 　　　　　　土地（宅地） 　　　　　　家屋	15,000,000 円 8,000,000 円	国税　花子 国税　花子
【有価証券】	△△証券○○支店（上場株式） 　○○建設㈱ 　○○石油㈱ 　○○産業㈱	3,000,000 円 1,000,000 円 1,000,000 円	国税　花子 国税　一郎 税務　幸子
【現　金】	(亡くなる直前に銀行から引き出したもの)	500,000 円	国税　花子
【預貯金】	○○銀行○○支店 　　　　普通預金 　　　　定期預金（注1） 　　〃　　（国税一郎名義）（注2） 　　〃　　（税務幸子名義）（注2）	3,000,000 円 11,700,000 円 11,525,000 円 6,075,000 円	国税　花子 国税　花子 国税　一郎 税務　幸子
【生命保険金】	○○生命保険（相）	20,000,000 円	国税　花子

(注) 1　預貯金は、相続開始日現在の既経過利子の額を基に財産の価額を算出しますが、事例では計算の簡略化のため省略しています。
　　 2　財産の名義にかかわらず、被相続人の財産で家族の名義となっているものや無記名のものなども相続税の課税対象となります。

2　債務・葬式費用

種　類	支　払　先	金　額	負　担　者
【葬式費用】	○○葬儀社	1,500,000 円	国税　花子

3　生前贈与財産

相続開始前3年以内の贈与財産	受贈金額	受　贈　者
現金（平成27年 2月16日 贈与）	1,100,000 円	国税　一郎
現金（平成27年10月25日 贈与）	1,100,000 円	税務　幸子

(注) 相続開始前3年以内の贈与財産のほか、被相続人から生前に贈与を受けた財産について相続時精算課税を適用していた場合にも、その財産は相続税の課税対象となります。この場合、相続開始の時の価額ではなく、贈与の時の価額を相続税の課税価格に加算します。

III 相続税がかかる財産の明細書の記載例（第11表）

Q 「第11表 相続税がかかる財産の明細書」の記載方法と留意点を教えてください。

A

手順1 被相続人の氏名を記載

被相続人の氏名を記載します。

手順2 遺産の分割状況

遺産の分割状況を記載します。次のいずれかの数字に丸を付け、全部分割又は一部分割については遺産分割協議書に署名押印した日である分割の日を記入します。

① 全部分割
② 一部分割
③ 全部未分割

手順3 財産の明細

財産の明細の種類、細目、利用区分・銘柄等、所在場所、数量、単価、価額を各欄に記入します。この記載要領は次頁の表によります。

価額の欄に記載する際に、「小規模宅地等の特例」の適用を受ける場合には、「第11・11の2表の付表1　小規模宅地等についての課税価格の計算明細書」で計算した「⑧課税価格に算入する価額」を記入します。また、生命保険金については、「第9表　生命保険金などの明細書」③課税金額を記入します。

価額の欄に財産の種類ごとに「計」を記入し、同じ財産の種類で細目が異なる場合には、細目ごとに「小計」を記入します。

手順4 分割が確定した財産

「取得が確定した人の氏名」の欄には、遺産分割協議書に書かれている取得した人の氏名を記載します。「取得した財産の価額」の欄にはその財産の価額を記入します。

手順5 各人の取得財産の価額の合計額

合計表の欄の「財産を取得した人の氏名」欄に各人の氏名を記入し、各人毎の財産の合計を計算して「分割財産の価額①」の欄にそれぞれ記入します。事例では未分割財産がありませんが、未分割財産がある場合には、「未分割財産の価額②」の（各人の合計）欄に記入します。

○ 申告書第11表の取得した主な財産の種類、細目、利用区分・銘柄等の記載要領

種類	細目	利用区分・銘柄等
土地 （土地の上に存する権利を含みます。）	田 畑	自用地、貸付地、賃借権（耕作権）、永小作権の別
	宅地	自用地（事業用、居住用、その他）、貸宅地、貸家建付地、借地権（事業用、居住用、その他）などの別
家屋	家屋（構造・用途）、構築物	家屋については自用家屋、貸家の別、構築物については駐車場、広告塔などの別
有価証券 （注）	特定同族会社の株式、出資（配当還元方式、その他の方式）	その銘柄
	上記以外の株式、出資 公債、社債 証券投資信託、貸付信託の受益証券	
現金、預貯金等		現金、普通預金、当座預金、定期預金、通常貯金、定額貯金などの別
家庭用財産		その名称と銘柄
その他の財産 （利益）	生命保険金等	
	退職手当金等	
	その他	1 自動車、特許権、著作権、電話加入権、貸付金、未収配当金、未収家賃、書画・骨とうなどの別 2 自動車についてはその名称と年式、電話加入権についてはその加入局と電話番号、書画・骨とうなどについてはその名称と作者名など 3 相続や遺贈によって取得したものとみなされる財産（生命保険金等及び退職手当金等を除きます。）については、その財産（利益）の内容

（注）「上場株式」の細目は、「上記以外の株式、出資」になります。

平成28年度 相続税申告書の記載例 P16

第5章 相続税申告書の記載方法

第11表 相続税がかかる財産の明細書

この表では、相続税がかかる財産（158ページの「1 相続財産」欄に記載の財産）を記入して、各人の取得財産の価額を計算します。

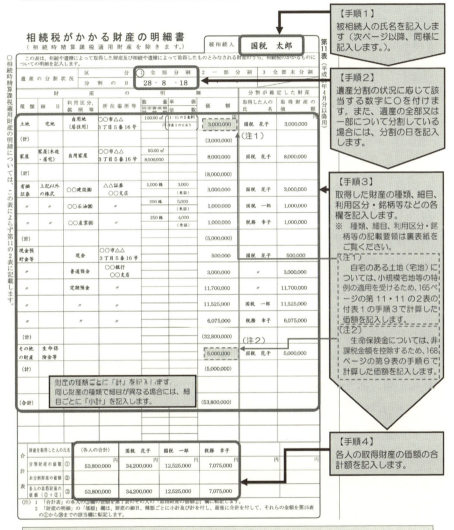

平成28年度 相続税申告書の記載例 P2

161

小規模宅地等についての課税価格の計算明細書
(第11・11の2表の付表1)

Q 「第11・11の2表の付表1 小規模宅地等についての課税価格の計算明細書」の記載方法と留意点を教えてください。

A

手順1 特例適用可能者の氏名の記入

　小規模宅地等の特例の適用を受けることができる条件を満たす宅地等を取得した人の全員の氏名を記入します。この欄には特例の適用を受けない人の氏名も必ず記入します。小規模宅地等の特例は、1特定居住用宅地等、2特定事業用宅地等、3特定同族会社事業用宅地等及び4貸付事業用宅地等のいずれかの適用を受けることができる条件を満たす宅地等を相続等によって取得した人全員が受けることができます。それぞれの宅地の面積、適用可能面積、減額割合などによって、全体の相続税額が有利になるように選択するのか、取得する誰かの減額を優先するのかは特例適用可能者の合意によって選択することになります。そこで、「特例の適用にあたっての同意」の欄に特例適用可能者全員の氏名を記入し、その下の「小規模宅地等の明細」欄で選択した宅地等を明示し、そのことに同意している旨を表示します。

　事例では対象となり得るのは母（国税花子）が取得した自宅のある宅地だけですので、国税花子の氏名だけを記入しています。

　相続税の申告書には相続によって財産を取得した人全員の記名押印をしますが、「特例の適用にあたっての同意」の欄への記入と記名押印とだけで紛争が生じた場合に万全ではありません。そこで、TKC全国会では、相続人全員から小規模宅地等の特例適用に関する確認書をいただ

くこととしています。

図表　小規模宅地等の特例適用に関する確認書

平成　　年　　月　　日

小規模宅地等の特例の適用確認書

税理士法人○○事務所
_____殿

　私（私たち）は、小規模宅地等についての相続税の課税価格の計算の特例について、説明を受け、理解しました。
　また、小規模宅地等についての相続税の課税価格の計算の特例の適用を受ける宅地等を選択し、その選択した宅地等の取得者が、特例の適用を受けるものとして、相続税申告書を作成することに同意します。

（各相続人等の氏名）
_____㊞　　　　_____㊞

_____㊞

出典：「相続税の申告と書面添付」TKC出版

手順2 小規模宅地等の種類の欄の記入

小規模宅地等の種類の欄には①から④までの数字を記入します。

① 特定居住用宅地等
② 特定事業用宅地等
③ 特定同族会社事業用宅地等
④ 貸付事業用宅地等

事例では母（国税花子）が自宅のある宅地について特例の適用を受けるため、小規模宅地等の種類の欄には1と記入します。

手順3 小規模宅地等の明細欄の記入

小規模宅地等の適用を受ける明細を次の要領で記入します。記入した⑧の金額を先に説明した「第11表相続税がかかる財産の明細書」の国税花子が取得した自宅の価額の欄に転記します。

① 特例の適用を受ける取得者の氏名(特定事業用宅地等は事業内容)
② 所在地番
③ 取得者の持分に応ずる宅地等の面積
④ 取得者の持分に応ずる宅地等の価額
⑤ ③のうち小規模宅地等（限度面積要件を満たす宅地等）の面積
⑥ ④のうち小規模宅地等（④×⑤÷③）の価額
⑦ 課税価格の計算にあたって減額される金額（⑥×⑨：減額割合）
⑧ 課税価格に算入する金額（④−⑦）

手順4 限度面積要件の判定

「限度面積の要件」の判定の欄に、上記に記載した面積⑤を記入し、面積の判定をします。事例では特定居住用宅地等のみで適用を受け、かつ、適用限度面積330㎡以内の100㎡の適用ですので数字の記載のみで完了です。しかし、複数の宅地等で限度面積を超える適用を受けるような場合にはこの記載をすることによって適用面積の上限に間違いがないかどうかを確認します。

第5章 相続税申告書の記載方法

第11・11の2表の付表1 小規模宅地等についての課税価格の計算明細書

この表では、母（国税花子）が相続した自宅のある土地（宅地）について、小規模宅地等の特例を適用して課税価格に算入する価額を計算します。

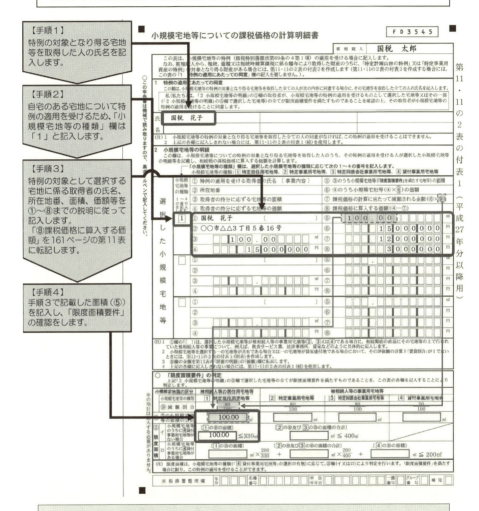

【手順1】
特例の対象となり得る宅地等を取得した人の氏名を記入します。

【手順2】
自宅のある宅地について特例の適用を受けるため、「小規模宅地等の種類」欄は「1」と記入します。

【手順3】
特例の対象として選択する宅地に係る取得者の氏名、所在地番、面積、価額等を①～⑧までの説明に従って記入します。
「⑧課税価格に算入する価額」を161ページの第11表に転記します。

【手順4】
手順3で記載した面積（⑤）を記入し、「限度面積要件」の確認をします。

【小規模宅地等の特例】
被相続人又は被相続人と生計を一にしていた被相続人の親族の事業の用又は居住の用に供されていた宅地等がある場合には、一定の要件の下に、相続税の課税価格に算入すべき価額の計算上、一定割合を減額します。

平成28年度　相続税申告書の記載例　P3

◀ 165

Ⅴ 生命保険金などの明細書（第9表）

Q 「第9表 生命保険金などの明細書」の記載方法と留意点を教えてください。

手順1 支払われた生命保険金の明細の記入

被相続人の死亡に伴って相続人等が生命保険金を受け取った場合には、「第9表 生命保険金などの明細書」を記入します。生命保険会社などから送られてきた支払通知書等を確認して、次のような内容を記入します。

① 保険会社等の所在地‥‥通知書に記載されています。
② 生命保険会社等の名称
③ 受取年月日‥‥‥‥‥‥通帳などに振り込まれた日
④ 受取金額
⑤ 受取人の氏名‥‥‥‥‥受取人は法定相続人とされている場合など、数人いる場合もあります。その場合には全員の名前を記入します。

事例の場合には生命保険契約者及び保険料負担者が被相続人である生命保険金を国税花子さんが2,000万円受け取っていますので、記載例のように記載することになります。

手順2 課税される金額の計算欄の記入

課税される金額の計算欄の、保険金の非課税限度額の欄を記入します。「第2表 相続税の総額の計算書」の④法定相続人に記載した人の人数Ⓐ（①ロ）を「保険金の非課税限度額」の欄の法定相続人の数の欄に記入します。

事例の場合には3人ですので「3」と記入します。そうするとⒶ欄は

500万円×3人＝1,500万円となります。

手順3 保険金などを受け取った相続人の氏名等の記入

保険金などを受け取った相続人の氏名、①受け取った保険金などの金額を記入します。生命保険金の非課税規定は相続人が受け取った生命保険金等しか適用がありません。相続人以外の人が保険金を受け取った場合には、非課税の適用がありません。また、相続の放棄をした人や相続権を失った人は除かれますので、直接「第11表　相続税がかかる財産の明細書」に記入します。

事例では、保険金などを受け取った相続人の氏名の欄に国税花子と、①受け取った保険金などの金額の欄に2,000万円と記入します。

手順4 受け取った保険金などの合計額の記入

Ⓑ受け取った保険金などの合計額の欄に記入します。事例では2,000万円と記入します。

手順5 各人の非課税金額を記入

②非課税金額をⒶから転記します。事例では生命保険金などを取得したのが国税花子さん一人ですので、先に計算した非課税限度額1,500万円をそのまま記載します。生命保険金などを受け取った相続人が二人以上いる場合には、Ⓐ×各人の①受け取った生命保険金などの金額÷Ⓑで計算した金額をそれぞれの相続人の欄に記入します。

手順6 課税金額を記入

①受け取った保険金などの金額－②非課税金額＝課税金額を③の欄に記入します。Ⓑの金額がⒶの金額より少ないときは、各相続人の①受け取った保険金などの金額がそのまま非課税となりますので、課税金額は0となります。課税金額を「第11表　相続税がかかる財産の明細書」に記入します。

手順7 非課税金額及び課税金額の合計を記入

非課税金額及び課税金額の合計を記入します。

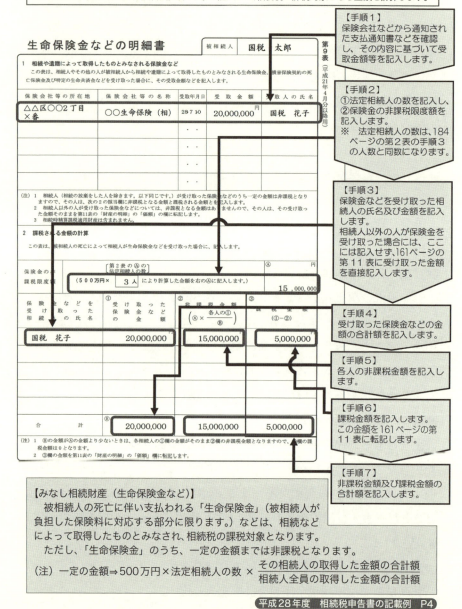

Ⅵ 債務及び葬式費用の明細書（第13表）

Q 「第13表　債務及び葬式費用の明細書」の記載方法と留意点を教えてください。

手順1　被相続人の債務の明細とその負担者

「種類」欄　　　　　　公租公課、買掛金、銀行借入金、未払金、その他の債務に区分して記入します。

「細目」欄
　（公租公課）　　　　所得税及び復興特別所得税、市町村民税、固定資産税などの税目とその年度を記入します。
　（銀行借入金）　　　当座借越、証書借入、手形借入れなどと記入します。
　（未払金）　　　　　未払金の発生原因を記入します。
　（買掛金）　　　　　記入の必要はありません。
　（その他）　　　　　債務の内容を記入します。

「債権者」欄
　（氏名又は名称）　　公租公課については、税務署名や市町村名などを記入します。
　（住所又は所在地）　公租公課についてはこの欄を省略して差し支えありません。銀行等の場合には記入します。

「弁済期限」欄　　　　弁済期日を記入します。
「金額」欄　　　　　　金額を記入します。
「負担する人の氏名」欄　遺言書又は遺産分割協議書などで決まっている負担する人の氏名を記入します。
「負担する金額」　　　負担する金額を記入します。

　この事例では債務がありませんので記入しません。

手順2 被相続人の葬式費用の明細とその負担者

葬式費用として認められる金額について、「支払先の氏名住所」「支払年月日」「金額」「負担する人の氏名」「負担する金額」を記入します。「お寺」「タクシー」「葬儀社」「通夜及び葬儀後」などの支払いを記入します。

手順3 葬式費用の総額

葬式費用の総額を記入します。

手順4 債務及び葬式費用の合計額の記入

各相続人が負担することが確定した金額を記入します。この事例では葬式費用を国税花子単独で負担しています。

第5章 相続税申告書の記載方法

第13表 債務及び葬式費用の明細書

この表では、父（国税太郎）の葬式費用について、その明細を記入し、各人の債務及び葬式費用の合計額を計算します。

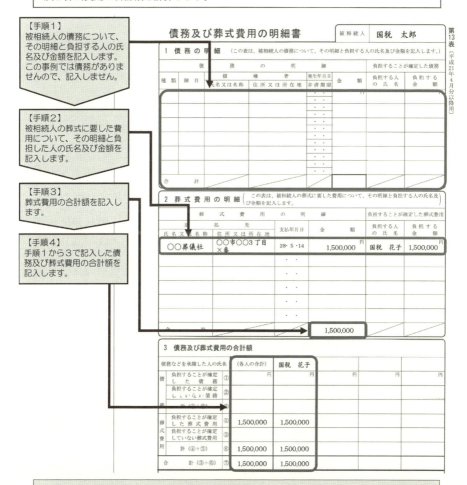

【相続財産の価額から控除できる債務と葬式費用】
　被相続人の債務は、相続財産の価額から差し引かれます。差し引くことができる債務には、借入金や未払金などのほか、被相続人が納めなければならなかった税金で、相続開始時点でまだ納めていなかったものも含まれます。被相続人の葬式に際して相続人が負担した葬式費用は、相続財産の価額から差し引かれます。葬式費用とは、①お寺などへの支払、②葬儀社、タクシー会社などへの支払、③お通夜に要した費用などです。なお、墓地や墓碑などの購入費用、香典返しの費用や法要に要した費用などは、葬式費用に含まれません。

VII 純資産価額に加算される暦年課税分の贈与財産価額の明細書（第14表）

Q 「第14表　純資産価額に加算される暦年課税分の贈与財産価額の明細書」の記載方法と留意点を教えてください。

A

手順1　相続開始前3年内の贈与財産

　被相続人から相続などによって財産を取得した人が、被相続人が亡くなる前3年以内に被相続人から贈与を受けた財産は、相続税の課税対象となります。この場合、相続開始のときの価額ではなく、贈与時の価額を相続税の課税価格に加算します。なお、この場合において、贈与税が課税されているときは、本表のほかに第4表の2（暦年贈与分の贈与税額控除計算書）を作成する必要があります。（この事例では贈与税が課税されていないため、第4表の2は作成しません。）

　被相続人から生前に贈与を受け、その際に相続時精算課税を適用していた場合、その財産は相続税の課税対象となります。この場合、相続開始時の価額ではなく、贈与時の価額を相続税の課税価格に加算します。なお、この場合には、本表ではなく、第11表の2表（相続時精算課税適用財産明細書）を作成する必要があります。

　「贈与を受けた人の氏名」「贈与年月日」「種類」「細目」「所在場所等」「数量」「①価額」「②①のうち特定贈与財産の価額」「③相続税の課税価格に加算される価額」を記入します。

手順2　贈与を受けた人ごとの合計額

　「③相続税の課税価格に加算される価額」の合計額と贈与を受けた人ごとの価額を③の欄を記入します。

なお、その下の欄は被相続人の相続開始年に配偶者が被相続人から贈与によって取得した居住用財産や金銭の全部または一部を特定贈与財産としている場合に記入する欄です。この場合、相続税の課税対象とはなりませんが、配偶者はその年分の贈与税の申告が必要となります。

手順3 出資持分の定めのない法人などに遺贈した財産の明細

被相続人が人格のない社団または財団や学校法人、社会福祉法人、宗教法人などの出資持分の定めのない法人に遺贈した財産のうち、相続税のかからないものを書く欄です。

手順4 特定の公益法人などに寄付した相続財産又は特定公益信託のために支出した相続財産の明細

被相続人が特定の公益法人などに寄付した相続財産又は特定公益信託のために支出した相続財産がある場合に記入します。よく見受けられるのが日本赤十字社などに対する寄付です。

なお、出資持分の定めのない法人などに遺贈した財産の明細及び特定の公益法人などに寄付した相続財産又は特定公益信託のために支出した相続財産についてはこの欄への記載のみで、第11表には記載しません。

第14表　純資産価額に加算される暦年課税分の贈与財産価額の明細書

この表では、私（国税一郎）と妹（税務幸子）が、父（国税太郎）が亡くなる前3年以内に父から現金の贈与を受けているため、相続税の課税対象となる贈与財産価額を計算します。

【手順1】
贈与を受けた人の氏名、贈与年月日等を記入します。
※　現金の贈与を受けた場合は、「所在場所等」欄に贈与者（国税太郎）の住所を記入します。

【手順2】
贈与を受けた人ごとに合計額を記入します。

純資産価額に加算される暦年課税分の贈与財産価額及び特定贈与財産価額、出資持分の定めのない法人などに遺贈した財産、特定の公益法人などに寄附した相続財産・特定公益信託のために支出した相続財産の明細書

被相続人　国税　太郎

第14表（平成27年分以降用）

1　純資産価額に加算される暦年課税分の贈与財産価額及び特定贈与財産価額の明細

この表は、相続、遺贈や相続時精算課税に係る贈与によって財産を取得した人（注）が、その相続開始前3年以内に被相続人から暦年課税に係る贈与によって取得した財産がある場合に記入します。

番号	贈与を受けた人の氏名	贈与年月日	相続開始前3年以内に暦年課税に係る贈与を受けた財産の明細				① 価額	②①の価額のうち特定贈与財産の価額	③相続税の課税価格に加算される金額 (①-②)
			種類	細目	所在場所等	数量			
1	国税　一郎	27・2・16	現金預貯金等		○○市△△3丁目5番16号		1,100,000円	円	1,100,000円
2	税務　幸子	27・10・25	現金預貯金等		○○市△△3丁目5番16号		1,100,000		1,100,000
3		・・							
4		・・							

贈与を受けた人ごとの③欄の合計額	氏名（各人の合計）	国税　一郎	税務　幸子		
	④ 金額	2,200,000円	1,100,000円	1,100,000円	円

上記「②」欄において、相続開始の年に被相続人から贈与によって取得した居住用不動産や金銭の全部又は一部を特定贈与財産としている場合には、次の事項について、「（受贈配偶者）」及び「（受贈財産の番号）」の欄に所定の記入をすることにより確認します。

（受贈配偶者）　私　　　　　　　は、相続開始の年に被相続人から贈与によって取得した上記　　　の特定贈与財産の価額については贈与税の課税価格に算入します。

なお、私は、相続開始の年の前年以前に被相続人からの贈与について相続税法第21条の6第1項の規定の適用を受けていません。

（注）④欄の金額を第1表のその人の「純資産価額に加算される暦年課税分の贈与財産価額⑤」欄及び第15表の㉔欄にそれぞれ転記します。

2　出資持分の定めのない法人などに遺贈した財産の明細

この表は、被相続人が人格のない社団又は財団や学校法人、社会福祉法人、宗教法人などの出資持分の定めのない法人に遺贈した財産のうち、相続税がかからないものの明細を記入します。

遺贈した財産の明細						出資持分の定めのない法人などの所在地、名称
種類	細目	所在場所等	数量		価額	
					円	
		合計				

3　特定の公益法人などに寄附した相続財産又は特定公益信託のために支出した相続財産の明細

私は、下記に掲げる相続財産を、相続税の申告期限までに、

(1) 国、地方公共団体又は租税特別措置法施行令第40条の3に規定する法人に対して寄附（租税特別措置法施行令の一部を改正する政令（平成20年政令第161号）附則第57条第1項の規定により、なおその効力を有することとされる旧租税特別措置法施行令第40条の3第1項第2号及び第3号に規定する法人に対する寄附を含みます。）をしましたので、租税特別措置法第70条第1項の規定の適用を受けます。

(2) 租税特別措置法施行令第40条の4第3項の要件に該当する特定公益信託の信託財産とするために支出しましたので、租税特別措置法第70条第3項の規定の…

【被相続人から相続開始前3年以内に取得した暦年課税適用財産】
被相続人から相続などによって財産を取得した人が、被相続人が亡くなる前3年以内に被相続人から贈与を受けた財産は、相続税の課税対象となります。この場合、相続開始の時の価額ではなく、贈与の時の価額を相続税の課税価格に加算します。なお、この場合において、贈与税が課税されているときは、本表のほかに第4表の2（暦年課税分の贈与税額控除額の計算書）を作成する必要があります（この事例では贈与税が課税されていないため、第4表の2は作成しません）。

【被相続人から取得した相続時精算課税適用財産】
被相続人から生前に贈与を受け、その際に相続時精算課税を適用していた場合、その財産は相続税の課税対象となります。この場合、相続開始の時の価額ではなく、贈与の時の価額を相続税の課税価格に加算します。なお、この場合には、本表ではなく第11の2表（相続時精算課税適用財産の明細書）を作成する必要があります。

Ⅷ 相続財産の種類別価額表（第15表）

Q 「第15表　相続財産の種類別価額表」の記載方法と留意点を教えてください。

A

手順1　財産を取得した人の名前の記入

（氏名）の欄に財産を取得した人の氏名を記入します。国税花子、国税一郎、税務幸子と記入します。

手順2　財産の種類ごとの価額を転記

番号欄の①～⑥、⑨～㉘の各欄について、「第11表　相続税がかかる財産の明細書」の **手順3** で記入した「財産の種類」ごとの価額を転記します。

手順3　不動産の価額の合計額の記入

番号欄㉚に不動産等の価額の合計額（⑥＋⑨＋⑩＋⑮＋⑯＋㉕）を記入します。

手順4　葬式費用の記入

番号欄㉞に「第13表　債務及び葬式費用の明細書」の **手順1** で記入した葬式費用の金額（③、⑥、及び⑦）を転記します。

手順5　純資産価額を記入

番号欄㊱に（㉘＋㉙－㉟）を計算して差引純資産価額を記入します。この金額が赤字のときは「0」と記入します。

手順6　暦年贈与の加算価額の記入

番号欄㊲に「第14表　純資産価額に加算される暦年課税分の贈与財産価額の明細書」の **手順2** で記入した「③相続税の課税価格に加算される価額」の合計額と贈与を受けた人ごとの価額を転記します。

手順7 課税価格を記入

番号欄㊳に課税価格（㊱＋㊲）を記入します。

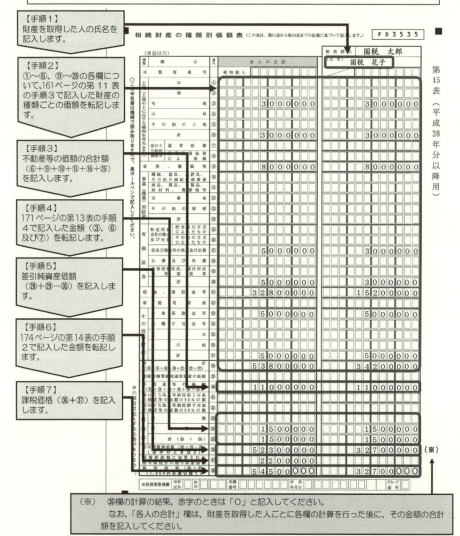

第5章 相続税申告書の記載方法

財産を取得した人が2人以上いるときは「相続財産の種類別価額表（続）」を作成します。

左ページと同様に記入します。

第15表（続）（平成26年分以降用）

種類	細目	番号	国税 一郎	税務 幸子
土地	田	①		
	畑	②		
	宅地	③		
	山林	④		
	その他の土地	⑤		
	計	⑥		
	⑥のうち特例農地等 通常価額	⑦		
	農業投資価格による価額	⑧		
家屋、構築物		⑨		
事業（農業）用財産	機械、器具、農耕具、その他の減価償却資産	⑩		
	商品、製品、半製品、原材料、農産物等	⑪		
	売掛金	⑫		
	その他の財産	⑬		
	計	⑭		
有価証券	特定同族会社の株式及び出資 配当還元方式によったもの	⑮		
	その他の方式によったもの	⑯		
	⑮及び⑯以外の株式及び出資	⑰	1000000	1000000
	公債及び社債	⑱		
	証券投資信託、貸付信託の受益証券	⑲		
	計	⑳	1000000	1000000
現金、預貯金等		㉑	11525000	6075000
家庭用財産		㉒		
その他の財産	生命保険金等	㉓		
	退職手当金等	㉔		
	立木	㉕		
	その他	㉖		
	計	㉗		
合計（⑥+⑨+⑭+⑳+㉑+㉒+㉗）		㉘	12525000	7075000
相続時精算課税適用財産の価額		㉙		
不動産等の価額（⑥+⑨+⑭+⑰+⑱+㉙）		㉚		
⑰のうち株式等納税猶予対象の株式等の価額の80％の額		㉛		
㉒のうち株式等納税猶予対象の株式等の価額の80％の額		㉜		
債務等	債務	㉝		
	葬式費用	㉞		
	合計（㉝+㉞）	㉟		
差引純資産価額（㉘+㉙-㉟）（赤字のときは0）		㊱	12525000	7075000
純資産価額に加算される暦年課税分の贈与財産価額		㊲	1100000	1100000
課税価格（㊱+㊲）（1,000円未満切捨て）		㊳	13625000	8175000

平成28年度 相続税申告書の記載例 P7・P8

IX 相続税の申告書の課税価格の計算

Q 「第1表 相続税の申告書」の課税価格の計算の記載方法と留意点を教えてください。

手順1 税務署名及び提出年月日の記入

相続税の申告書の提出先の税務署及び提出年月日を記入します。

手順2 相続開始年月日の記入

被相続人が亡くなった日を記入します。

手順3 被相続人及び財産を取得した人の氏名等を記入

被相続人及び財産を取得した人の氏名やマイナンバー、生年月日、住所、被相続人との続柄、職業などを記入します。なお、年齢は相続開始年月日現在の年齢を記入します。

手順4 取得財産の価額等の記入

①取得財産の価額の欄に「第11表 相続税がかかる財産の明細書」の **手順5** の③欄の各人の取得財産の合計額及び各人の取得財産の金額を転記します。

③債務及び葬式費用の金額欄に「第13表 債務及び葬式費用の明細書」の **手順4** の⑦欄の金額を転記します。

手順5 純資産価額を記入

純資産価額（①+②-③）を④の欄に記入します。計算の結果赤字になるときは「0」を記入します。

手順6 純資産価額に加算される暦年課税分の贈与財産価額の明細書からの転記

純資産価額に加算される暦年課税分の贈与財産価額について、「第14表 純資産価額に加算される暦年課税分の贈与財産価額の明細書」の **手順2** の④の金額を⑤に転記します。

第5章 相続税申告書の記載方法

手順7 課税価格を記入

課税価格（④+⑤）Ⓐを記入します。

第1表 相続税の申告書

この表では、課税価格（相続税の課税対象となる財産の合計額）を計算します。

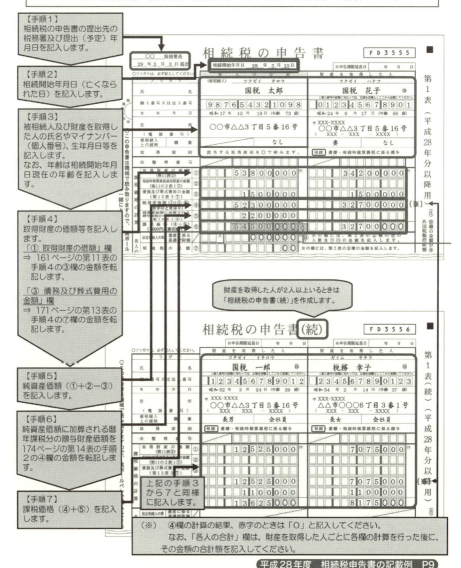

平成28年度 相続税申告書の記載例 P9

X マイナンバー記載の留意点

Q 相続税の申告書には被相続人や財産を取得した相続人全員の氏名とマイナンバーの記載が必要だと聞いています。相続人等の本人確認のための書類の提示なども必要なのでしょうか。

A

1 相続税の申告書には被相続人・相続人等のマイナンバーの記載が必要

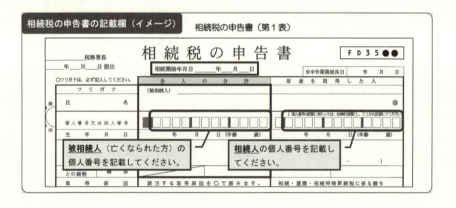

　相続税の申告書には、被相続人及び相続人などの相続によって財産を取得した人のマイナンバーの記載が必要です。また、個人番号を記載した申告書を提出する際には、税務署で番号確認と身元確認で本人確認を行うため、申告書に記載されている各相続人等の本人確認書類の提示又は写しの添付が必要です。実務上はこれらの書類の写しを提出することになります。

　被相続人については当然のことですが本人確認は不要です。

第5章 相続税申告書の記載方法

2 マイナンバーカードを持っている人

　マイナンバーカード（個人番号カード）をお持ちの方の場合、本人が相続税の申告書を提出する場合には、マイナンバーカードを提示することで本人確認が完了です。郵送などによる書類提出又は代表者が提出若しくは税理士に依頼する場合には、マイナンバーカードの表面と裏面をコピーして提出することになります。

3 マイナンバーカードを持っていない人

　マイナンバーカードを持っていない人の場合には、本人の個人番号（12桁）を確認できる通知カード、住民票の写し又は住民票記載事項証明書などのいずれか一つと運転免許証、パスポート、公的医療保険の被保険者証、身体障害者手帳、在留カードなど身元確認書類のコピーを提出することになります。

4 被相続人の個人番号が確認できない場合

　被相続人の書類や持ち物などから個人番号を確認することができない場合には、被相続人の個人番号を記載しないで相続税の申告書を提出します。また、個人番号が確認できた場合には、相続税の申告書へのマイナンバーの記載は必要ですが、本人確認書類の提示又は写しの提出は必要ありません。

5 特定個人情報の提供の問題

　相続税の申告書の作成にあたり、複数の相続人がそれぞれの個人番号を記載するために相続人自身の個人番号を記載して申告書を他の相続人に渡す行為は、番号法上の特定個人情報の提供には該当しませんので、問題が生ずることはありません。もっとも税理士に依頼して相続税の申告書を提出する場合には、税理士の側にその責任が生じます。

XI 相続税の総額の計算

Q 「第2表 相続税の総額の計算書」の記載方法と留意点を教えてください。

A

手順1 課税価格の合計額を転記

「第1表 相続税の申告書」の 手順7 の⑥（Ⓐ）の金額を④課税価格の合計額に転記します。

手順2 法定相続人の氏名等を記入

④法定相続人欄の氏名、被相続人との続柄、⑤左の法定相続人に応じた法定相続分及び法定相続人の数Ⓐを記入します。このときに法定相続分の合計が1になるかどうかを法定相続人数記入欄の右の合計欄に1と記入する際に再度確認します。

被相続人に養子がある場合には養子全員の氏名を記入します。実子がいる場合には1人、実子がいない場合には2人までを法定相続人数に含めることとされています。そこで、「⑤左の法定相続人に応

図表　養子がいる場合の記入例

○被相続人に養子があるときは、遺産に係る基礎控除額を計算する場合の法定相続人の数に含めるその養子の数が制限される場合があります。この制限される場合における養子についても、「④法定相続人」欄に全員記入し、「⑤左の法定相続人に応じた法定相続分」欄には、次の記載例のように記入します。

なお、この例の場合、「④法定相続人」の最下欄の「法定相続人の数Ⓐ」欄の人数は4人となります。

④法定相続人		⑤左の法定相続人に応じた法定相続分
氏　名	被相続人との続柄	
山田花子	妻	$\frac{1}{2}$
山田太郎	長男	$\frac{1}{2} \times \frac{1}{3} = \frac{1}{6}$
山田桜子	長女	$\frac{1}{2} \times \frac{1}{3} = \frac{1}{6}$
山田一郎	養子	$\left.\begin{array}{l}\\ \end{array}\right\} \frac{1}{2} \times \frac{1}{3} = \frac{1}{6}$
山田二郎	養子	
法定相続人の数	Ⓐ 人 4	合計　1

じた法定相続分」欄には182頁図表の記入例のように記入します。なお、この例の場合、「④法定相続人」の最下欄の「法定相続人の数Ⓐ」欄の人数は4人となります。

手順3 法定相続人数を記入し基礎控除を計算

②遺産に係る基礎控除額の欄に上記Ⓐの法定相続人数（ロ）を記入し、基礎控除額を計算のうえ、ハの欄に基礎控除額を記入します。

手順4 課税遺産総額を記入

③課税遺産総額欄に①課税価格の合計額－ハ基礎控除額の金額を㊁に記入します。

手順5 法定相続分に応ずる取得金額を記入

⑥法定相続分に応ずる取得金額欄に㊁の欄の課税遺産総額×⑤法定相続人に応じた法定相続分＝法定相続分に応ずる取得金額を記入します。1,000円未満の端数は切り捨てます。

手順6 相続税の総額の基となる税額を記入

⑦相続税の総額の基となる税額を相続税の申告書の下部にある「相続税の速算表」に基づいてそれぞれ計算します。この事例の場合、3人の法定相続人の法定相続分に応ずる取得金額はすべて1,000万円以下ですので、税率は全員10％ですから、国税花子は3,250,000円×10％＝325,000円、国税一郎及び税務花子は1,625,000円×10％＝162,500円をそれぞれ⑦相続税の総額の基となる税額の欄に記入します。

手順7 相続税の総額の記入

⑧相続税の総額の欄に⑦相続税の総額の基となる税額の合計額を記入します。100円未満の金額は切り捨てます。

第2表 相続税の総額の計算書

この表では、相続税の総額を計算します。
※ 課税価格の合計額から遺産に係る基礎控除額を差し引いた額について、法定相続分に応じた取得金額に税率を掛けて相続税の総額を計算します。

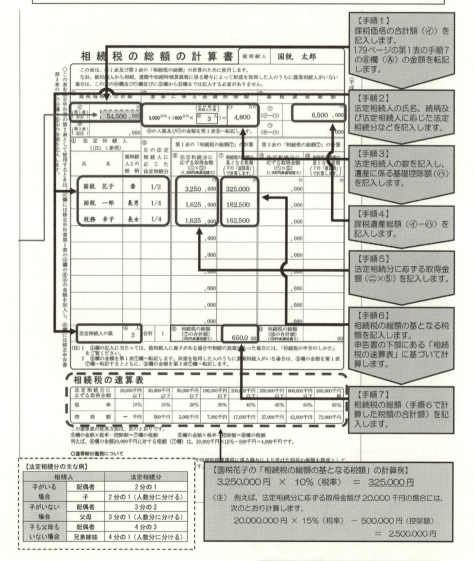

第5章 相続税申告書の記載方法

XII 相続税の申告書の各人の算出税額

Q 「第1表 相続税の申告書」の各人の算出税額の記載方法と留意点を教えてください。

手順1 法定相続人数、基礎控除及び相続税の総額の転記

第2表Ⓐの法定相続人数、②㈇の遺産に係る基礎控除及び⑧相続税の総額をそれぞれの欄に記入します。

手順2 財産を取得した人のあん分割合を記入

財産を取得した人の全体の課税価格の合計額に占める各人の課税価格の割合（あん分割合）を計算します。国税花子は32,700,000円÷54,500,000円＝0.6、国税一郎は13,625,000円÷54,500,000円＝0.25、税務幸子は8,175,000円÷54,500,000円＝0.15となります。これらの数字を⑥のそれぞれの欄に記入します。あん分割合が割り切れない場合には、小数点の書ききれるまでの数字を記入し、全員の割合の合計が1.00になるように調整します。このときに全員の割合の合計が1.00になるように小数点以下2位未満の端数を調整して記入しても差し支えありません。もっとも相続人全員の合意が前提であることは言うまでもありません。

手順3 相続税総額にあん分割合を乗じて算出税額を記入

⑦相続税の総額に⑧あん分割合を掛けた金額を算出税額の各人の欄に記入します。国税花子は650,000円×0.6＝390,000円、国税一郎は650,000万円×0.25＝162,500円、税務幸子は650,000円×0.15＝97,500円となります。

手順4 算出税額の合計額を記入

各人の算出税額の合計額を記入します。

第1表　相続税の申告書

この表では、各人の算出税額を計算します。

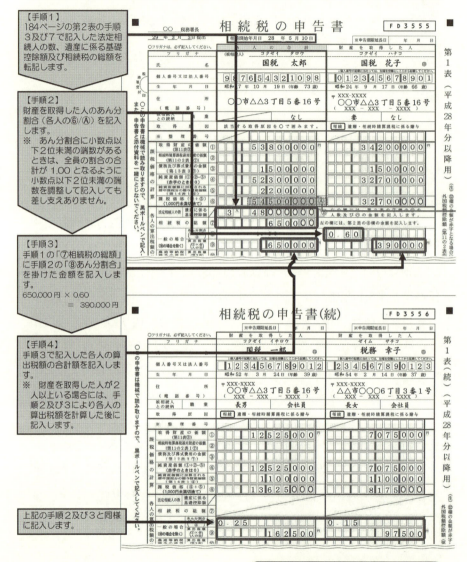

平成28年度　相続税申告書の記載例　P11

XIII 配偶者の税額軽減額の計算

Q 「第5表 配偶者の税額軽減の計算書」の記載方法と留意点を教えてください。

手順1 配偶者の法定相続分に応ずる課税価格の記入

「第1表 相続税の申告書」のⒶ欄の課税価格の合計額を記入し、配偶者の法定相続分を乗じた金額を記載します。この事例では、54,500,000円×2分の1＝27,250,000円となります。

手順2 1億6,000万円とのいずれか多い金額の記入

上記の金額と1億6,000万円とのいずれか多い金額を①に記入します。この事例では27,250,000円との比較ですので、1億6,000万円となります。

手順3 配偶者の税額軽減を計算する場合の課税価格の記入

「第11表 相続税がかかる財産明細書」の配偶者の③欄の各人の取得財産の価額を「配偶者の税額軽減額を計算する場合の課税価格」の欄の①「分割財産の価額」に転記します。次に「第1表」の配偶者の③債務及び葬式費用の金額を②債務及び葬式費用の金額の欄に転記します。③未分割財産の価額があれば記入して控除しますが、なければ②債務及び葬式費用の金額をそのまま④の欄に転記します。⑥の欄に①－④＋⑤で計算した金額を記入します。事例では国税花子の課税価格32,700,000円となります。

手順4

「第1表 相続税の申告書」の⑦欄相続税の総額を⑦相続税の総額欄に転記し、⑧欄に **手順1** で①欄に記載した金額と **手順3** の⑥に記載し

た金額のいずれか少ない金額を記入します。事例では32,700,000円と1億6,000万円のいずれか少ない金額ですから32,700,000円となります。⑨の欄には第1表相続税の申告書の④の金額を記入します。事例では54,500,000円となります。⑦相続税の総額×⑧の金額÷⑨課税価格の合計額で配偶者の税額軽減の基となる金額を計算します。計算した金額は円単位まで⑩の欄に記入します。事例では650,000円×32,700,000円÷54,500,000円＝390,000円となります。

手順5 配偶者の税額軽減の限度額

「第1表　相続税の申告書」の⑨配偶者の算出税額を配偶者の税額軽減の限度額の欄に転記します。その際に第1表の配偶者の⑫暦年贈与分の贈与税額控除額があれば記入し控除します。事例では390,000円をそのまま転記します。

手順6 配偶者の税額軽減額

上記 **手順4** と **手順5** いずれか少ない金額を配偶者の税額軽減額⑻の欄に記入します。

第5章 相続税申告書の記載方法

第5表　配偶者の税額軽減額の計算書

この表では、母（国税花子）が、配偶者の税額軽減の適用を受けるため、税額軽減額を計算します。

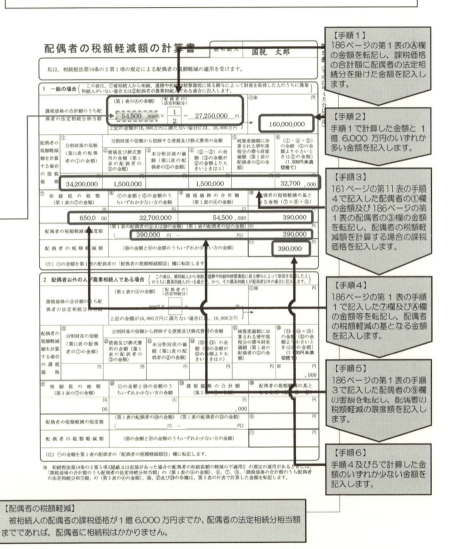

【配偶者の税額軽減】
被相続人の配偶者の課税価格が1億6,000万円までか、配偶者の法定相続分相当額までであれば、配偶者に相続税はかかりません。

XIV 相続税の申告書の各人の納付すべき税額

Q 「第1表　相続税の申告書」の各人の納付すべき税額の記載方法と留意点を教えてください。

手順1 配偶者の税額軽減額の転記

「第5表　配偶者の税額軽減額の計算書」の配偶者の税額軽減額㈠を被相続人及び配偶者の⑬の欄に転記します。事例では配偶者の税額軽減だけですので、390,000万円を国税太郎及び国税花子の欄に記入します。

手順2 税額控除額の計算

⑫から⑰までの税額控除の合計額を⑱の欄に記入します。事例では配偶者の税額軽減だけですので、390,000万円を国税太郎及び国税花子の欄に記入します。

手順3 納付すべき税額等を記入

納付すべき税額等を記入します。事例では、国税太郎欄は⑲差引税額に650,000円－390,000円＝260,000円を記入し、これを㉒と㉗に転記します。国税花子は390,000円－390,000円＝0ですので、以下記載なしです。国税一郎は⑲、㉒、㉗に162,500円を記入します。

税務幸子は⑲、㉒、㉗に97,500円を記入します。

算出税額よりも贈与税額控除のような税額控除の額のほうが多く、㉒の金額がマイナスになることもあります。この場合には数字の左端に△を記載します。この金額は申告することにより還付されます。

第5章 相続税申告書の記載方法

第1表 相続税の申告書

この表では、各人の納付すべき税額を計算します。

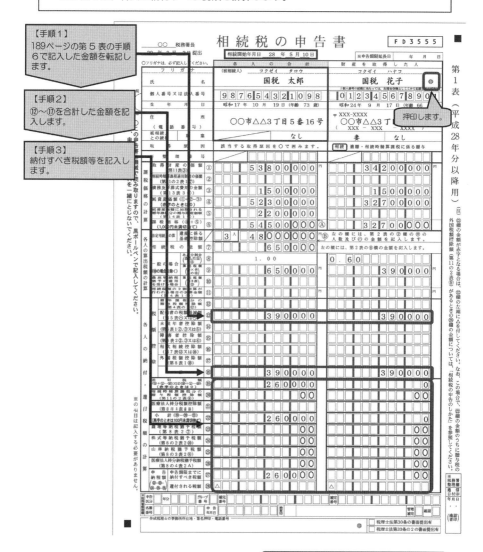

平成28年度 相続税申告書の記載例 P13

XV 相次相続控除額の計算書

Q 「第7表 相次相続控除額の計算書」の記載方法と留意点を教えてください。

A

手順1 前の相続に係る事項の記入

前の相続に係る相続人の氏名、前の相続に係る被相続人と今回の相続に係る被相続人との続柄、及び前の相続に係る相続税の申告書の提出先を記入します。

手順2 計算の基礎となる数字等の記入

相次相続控除の計算の基礎となる数字等を記入します。①の相続の年月日、②今回の相続の年月日、③前の相続から今回の相続までの期間（1年未満の端数は切り捨てます。）、④10年－③の年数を記載します。

手順3 相次相続控除の総額の計算

⑤被相続人が前の相続のときに取得した純資産価額（相続時精算課税適用財産を含みます。）、⑥前の相続の際の被相続人の相続税額、⑦⑤－⑥の金額、⑧今回の相続、遺贈や相続時精算課税に係る贈与によって財産を取得した全ての人の純資産価額の合計額を記載します。

⑥前の相続の際の被相続人の相続税額×（⑧今回の相続、遺贈や相続時精算課税に係る贈与によって財産を取得した全ての人の純資産価額の合計額÷⑦⑤－⑥の金額＝この割合が1以上のときは1）×④10年－③の年数÷10年＝相次相続控除額の総額

手順4 各相続人の相次相続控除額の計算

相次相続控除の総額を今回の相続によって財産を取得した人ごとの金額に按分する計算を行います。

なお、次の計算書の事例はこれまでの事例とは全く関係がありませんのでご留意ください。

第7表　相次相続控除額の計算書

相次相続控除額の計算書　被相続人　国税　太郎

第7表（平成21年4月分以降用）

> 相続の放棄をした人や相続権を失った人は除かれます。

この表は、被相続人が今回の相続の開始前10年以内に開始した前の相続について、相続税を課税されている場合に記入します。

1　相次相続控除額の総額の計算

前の相続に係る被相続人の氏名	前の相続に係る被相続人と今回の相続に係る被相続人との続柄	前の相続に係る相続税の申告書の提出先
国税　太助	国税　太郎の父	春日部　税務署

① 前の相続の年月日	② 今回の相続の年月日	③ 前の相続から今回の相続までの期間（1年未満切捨て）	④ 10年 － ③ の年数
平成19年3月10日	平成28年5月11日	9年	1年

⑤ 被相続人が前の相続の時に取得した純資産価額（相続時精算課税適用財産の価額を含みます。）	⑥ 前の相続の際の被相続人の相続税額	⑦ （⑤－⑥）の金額	⑧ 今回の相続、遺贈や相続時精算課税に係る贈与によって財産を取得した全ての人の純資産価額の合計額（第1表の④の合計金額）
19,411,546 円	4,250,000 円	15,161,546 円	495,602,246 円

（⑥の相続税額）　　　　　　　⑧の金額　　　　　　　　　　　　　（④の年数）　　　　　相次相続控除額の総額　Ⓐ

4,250,000 × (495,602,246 / 15,161,546) × (1/10) = 425,000 円

（この割合が100/100を超えるときは100/100とします。）

2　各相続人の相次相続控除額の計算

(1)　一般の場合　この表は、被相続人から相続、遺贈や相続時精算課税に係る贈与によって財産を取得した人のうち、農業相続人がいない場合に、財産を取得した相続人の全ての人が記入します。

今回の相続の被相続人から財産を取得した相続人の氏名	⑨ 相次相続控除額の総額	⑩ 各相続人の純資産価額（第1表の各人の④の金額）	⑪ 相続人以外の人も含めた純資産価額の合計額（第1表の④の各人の合計）	⑫ 各人の⑩/⑧ の割合	⑬ 各人の相次相続控除額（⑨×各人の⑫の割合）
国税　花子	（上記Ⓐの金額）	253,286,750 円		0.5110686	217,204 円
国税　一郎		129,636,813		0.2615743	111,169
税務　花子	425,000 円	112,678,683	Ⓑ 495,602,246 円	0.2273570	96,627

(2)　相続人のうちに農業相続人がいる場合　この表は、被相続人から相続、遺贈や相続時精算課税に係る贈与によって財産を取得した人のうちに農業相続人がいる場合に、財産を取得した相続人の全ての人が記入します。

今回の相続の被相続人から財産を取得した相続人の氏名	⑭ 相次相続控除額の総額	⑮ 各相続人の純資産価額（第3表の各人の④の金額）	⑯ 相続人以外の人も含めた純資産価額の合計額（第3表の④の各人の合計）	⑰ 各人の⑮/⑯ の割合	⑱ 各人の相次相続控除額（⑭×各人の⑰の割合）
	（上記Ⓐの金額）　　円	円	Ⓒ　　円		円

（注）　1　⑥欄の相続税額は、相続時精算課税分の贈与税額控除後の金額をいい、その被相続人が納税猶予の適用を受けていた場合の免除された相続税額並びに延滞税、利子税及び加算税の額は含まれません。
　　　　2　各人の⑬又は⑱欄の金額を第1表のその人の「相次相続控除額⑯」欄に転記します。

相続税の申告のしかた　平成28年分用　P60

● 著者紹介

今仲　清〔いまなか・きよし〕税理士

1984年、今仲清税理士事務所開業。1988年、(有)経営サポートシステムズ設立、代表取締役就任。現在は株式会社に変更。2013年、税理士法人今仲清事務所設立、代表社員に就任。

現在、不動産有効活用・相続対策の実践活動を指揮しつつ、セミナー講師として年間100回にものぼる講演を行っている。(一財)都市農地活用支援センターアドバイザー。(公財)区画整理促進機構派遣専門家。事業承継協議会事業承継税制検討委員会委員。

〈主　著〉

『Q&A 事業承継税制徹底活用マニュアル』(ぎょうせい)、『農地の納税猶予制度とこれからの農地承継』(ぎょうせい)、『図解 都市農地の特例活用と相続対策』(清文社)、『三訂版 Q&A 病院・診療所の相続・承継をめぐる法務と税務』共著 (新日本法規出版)、『相続税の申告と書面添付』共著 (TKC出版)『平成28年度 すぐわかる よくわかる 税制改正のポイント』共著 (TKC出版)、『中小企業の経営承継戦略』共著 (TKC出版)

```
〈事務所〉
  税理士法人　今仲清事務所／㈱経営サポートシステムズ
  〒591-8023　　大阪府堺市北区中百舌鳥町5-666
  ホームページ　　http://www.imanaka-kaikei.co.jp
```

書類準備・手続のフローがすぐ分かる！
相続税の申告書作成ガイドブック

平成28年9月10日　第1刷発行

著　者　今仲　清

発　行　株式会社ぎょうせい

〒136-8575　東京都江東区新木場1-18-11
電話　編集　03-6892-6508
　　　営業　03-6892-6666
フリーコール　0120-953-431

URL：http://gyosei.jp

〈検印省略〉

印刷　ぎょうせいデジタル㈱　　　©2016 Printed in Japan

※乱丁・落丁本はお取り替えいたします。

ISBN978-4-324-10192-6
(5108276-00-000)
〔略号：相続申告ガイド〕